Neruda's
Garden:

An Anthology
of Odes

PABLO NERUDA

Neruda's Garden:
An Anthology
of Odes

Selected and translated by Maria Jacketti

Latin American Literary Review Press
Series: Discoveries
Pittsburgh, Pennsylvania

1995

The Latin American Literary Review Press publishes Latin American creative writing under the series title *Discoveries*, and critical works under the series title *Explorations*.

Library of Congress Cataloging-in-Publication Data

Neruda, Pablo, 1904-1973.
    [Poems. English & Spanish. Selections]
    Neruda's Garden: an anthology of odes / translated by
    Maria Jacketti.
      p. cm.
    English and Spanish
    ISBN 0-935480-68-4 (alk. paper)
    1. Plants--Poetry. I. Neruda, Pablo, 1904-1973--Translations
    into English. I. Jacketti, Maria. II. Title.
PQ8097.N4A6 1995
  861--dc20   94-25088
                   CIP
Cover photograph from *La botánica en la expedición Malaspina*.
Courtesy of Quinto Centenario Publishers, Madrid, Spain.
Cover and book design by Michelle Rozzi.

Neruda's Garden: An Anthology of Odes may be ordered directly from the publisher:
        Latin American Literary Review Press
        121 Edgewood Avenue
        Pittsburgh, PA 15218
        Tel (412) 371-9023 • Fax (412) 371-9025

Acknowledgments

This project is supported in part by grants from the National Endowment for the Arts in Washington, D.C., a federal agency, and the Commonwealth of Pennsylvania Council on the Arts.

Table of Contents
Odes

Odas elementales
Elemental Odes

Nuevas odas elementales
New Elemental Odes

Tercer libro de las odas
Third Book of Odes

Navegaciones y regresos
Voyages and Homecomings

In memory of my mother,
Pearl Celestine Jacketti
(1921-1985)

Odas elementales

Elemental Odes

ODA A LA ALEGRIA

Alegría,
hoja verde
caída en la ventana,
minúscula
claridad
recién nacida,
elefante sonoro,
deslumbrante
moneda,
a veces
ráfaga quebradiza,
pero
más bien
pan permanente,
esperanza cumplida,
deber desarollado.
Te desdeñé, alegría.
Fui mal aconsejado.
La luna
me llevó por sus caminos.
Los antiguos poetas
me prestaron anteojos
y junto a cada cosa
un nimbo oscuro
puse,
sobre la flor una corona negra,
sobre la boca amada
un triste beso.
Aún es temprano.
Déjame arrepentirme.
Pensé que solamente
si quemaba
mi corazón
la zarza del tormento,
si mojaba la lluvia
mi vestido
en la comarca cárdena del luto,
si cerraba
los ojos a la rosa

ODE TO HAPPINESS

Happiness,
green leaf
fallen on the window,
little
newborn
brightness,
elephant of melodic rapture,
dazzling
coin,
sometimes
a crisp gust of wind,
but
better said:
permanent bread,
fulfilled hope,
duty's plan.
I scorned you, happiness.
I was wrong.
The moon
dragged me along its highways.
Old poets
entrusted me with their spectacles.
I placed a black halo
on everything—
on the blossom, a black crown,
on the beloved's mouth,
a morbid kiss.
But it is still early.
Let me repent.
I used to believe that only
when my heart burned
in the storm's thorns,
only when the rain drenched
my suit
in the livid land of mourning,
only if I closed my eyes
to the rose

y tocaba la herida,
si compartía todos los dolores,
yo ayudaba a los hombres.
No fui justo.
Equivoqué mis pasos
y hoy te llamo, alegría.

Como la tierra
eres
necesaria.

Como el fuego
sustentas
los hogares.

Como el pan
eres pura.

Como el agua de un río
eres sonora.

Como una abeja
repartes miel volando.

Alegría,
fui un joven taciturno,
hallé tu cabellera
escandalosa.

No era verdad, lo supe
cuando en mi pecho
desató su cascada.

Hoy, alegría,
encontrada en la calle,
lejos de todo libro,
acompáñame:

and touched the wound,
only if I shared all the pain,
was I helping humanity.
I was wrong.
I walked into the mistake,
and today I call out to you, happiness.

Like the soil,
you are
necessary.

Like fire,
you sustain
the hearths.

Like bread,
you are pure.

Like river-water,
you churn with melodies.

Like a bee,
you share honey in flight.

Happiness,
I was a silent youth—
I found scandal
in the luxury of your long hair.

When the waterfall of my heart
cascaded free,
I realized the lie.

Today, happiness,
discovered on the street,
faraway from all books,
come with me;

contigo
quiero ir de casa en casa,
quiero ir de pueblo en pueblo,
de bandera en bandera.
No eres para mí solo.
A las islas iremos,
a los mares.
A las minas iremos,
a los bosques.
No sólo leñadores solitarios,
pobres lavanderas
o erizados, augustos
picapedreros,
me van a recibir con tus racimos,
sino los congregados,
los reunindos,
los sindicatos de mar o madera,
los valientes muchachos
en su lucha.

¡Contigo por el mundo!
¡Con mi canto!
¡Con el vuelo entreabierto
de la estrella
y con el regocijo
de la espuma!

Voy a cumplir con todos
porque debo
a todos mi alegría.

No se sorprenda nadie porque quiero
entregar a los hombres
los dones de la tierra,
porque aprendí luchando
que es mi deber terrestre
propagar la alegría.
Y cumplo mi destino con mi canto.

together with you,
I want to travel from house to house;
I want to travel from town to town,
from flag to flag.
You don't only live for me.
We will journey to the mines,
to the forest—
not only lonely woodcutters,
poor laundresses,
or proud and ragged
stoneworkers
will greet me with your fresh bouquets,
but also
the assemblies,
the reunited,
the unions of the sea, of wood,
the brave young people
in battle.

With you through the world!
With my song!
With the star's
translucent flight,
with seafoam's transport!

I am going to keep my
promise to everyone,
because I owe everyone
my bliss.

Let no one be surprised
because I want to share with all people
the Earth's treasures.
I learned fighting,
my earthly duty:
to propagate happiness.
And I fulfill my destiny
with my song.

ODA AL AMOR

Amor, hagamos cuentas.
A mi edad
no es posible
engañar o engañarnos.
Fuí ladrón de caminos,
tal vez,
no me arrepiento.
Un minuto profundo,
una magnolia rota
por mis dientes
y la luz de la luna
celestina.
Muy bien, pero, ¿el balance?
La soledad mantuvo
su red entretejida
de fríos jazmineros
y entonces
la que llegó a mis brazos
fue la reina rosada
de las islas.
Amor,
con una gota,
aunque caiga
durante toda y toda
la nocturna
primavera
no se forma el océano
y me quedé desnudo,
solitario, esperando.

Pero, he aquí que aquella—
que pasó por mis brazos
como una ola,
aquella
que sólo fue un sabor
de fruta vespertina,
de pronto
parpadeó como estrella,

ODE TO LOVE

Love, let's settle our account.
At my age
it is not possible
to deceive, to deceive the two of us.
I was a highway robber;
perhaps,
I have no regrets.
One deep minute,
a magnolia
broken by my teeth
and the moon's celestial glow.
Very well, but, the balance?
Loneliness held fast
its net
with wintry jasmine vines,
and the one who
arrived in my arms
became a queen of
rose islands.
Love,
with a drop—
although it may fall
during all
nocturnal
spring-
an ocean does not swell to creation.
I remained naked
and desolate, waiting . . .

But here I hold onto that one—
she passed through my arms
like a wave,
the one
who was just a taste
of twilight ambrosia—
quickly
she fluttered like a star,

ardió como paloma
y la encontré en mi piel
desenlazándose
como la cabellera de una hoguera.
Amor, desde aquel día
todo fue más sencillo.
Obedecí las órdenes
que mi olvidado corazón me daba
y apreté su cintura
y reclamé su boca
con todo el poderío
de mis besos,
como un rey que arrebata
con un ejército desesperado
una pequeña torre donde crece
la azucena salvaje de su infancia.

Por eso, Amor, yo creo
que enmarañado y duro
puede ser tu camino,
pero que vuelves
de tu cacería
y cuando enciendes
otra vez el fuego,
como el pan en la mesa,
así, con sencillez,
debe estar lo que amamos.
Amor, eso me diste.
Cuando por vez primera
ella llegó a mis brazos
pasó como las aguas
en una despeñada primavera.
Hoy
la recojo.
Son angostas mis manos y pequeñas
las cuencas de mis ojos
para que ellas reciban
su tesoro,
la cascada
de interminable luz, el hilo de oro,
el pan de su fragrancia
que son sencillamente, Amor, mi vida.

sparkled fire like a dove,
and I discovered her on my skin,
unraveling her essence,
a blaze of long hair.
Love, since that day,
everything has become more simple.
I obeyed the orders
of my forgotten heart:
I caressed her waist
and claimed her mouth
with all the power of
my kisses,
like a king ravishing
with a desperate army,
a small tower where
the wild lily of his youth grows.

So, Love, I believe
your road can be
brambly and hard;
but you return
from your hunt,
and when again
you light your torch,
it is like bread on the table,
and so it is, with simplicity,
what we love should remain that way.
Love, you gave me that.
When, for the first time,
she arrived in my arms,
she moved like the waters
of spontaneous springtime.
Today, I gather all this together.
My hands are narrow;
the depths of my eyes, humble
to receive
her treasures,
the unbounded cascade of radiance,
the golden thread,
the bread of her fragrance:
they are simply, Love, my life.

ODA A UNA CASTAÑA EN EL SUELO

Del follaje erizado
caíste
completa,
de madera pulida,
dc lúcida caoba,
lista
como un violín que acaba
de nacer en la altura,
y cae
ofreciendo sus dones encerrados,
su escondida dulzura,
terminada en secreto
entre párjaros y hojas,
escuela de la forma,
linaje de la leña y de la harina,
instrumento ovalado
que guarda en su estructura
delicia intacta y rosa comestible.
En lo alto abandonaste
el erizado erizo
que entreabrió sus espinas
en la luz del castaño,
por esa partidura
viste el mundo,
pájaros
llenos de sílabas,
rocío
con estrellas,
y abajo
cabezas de muchachos
y muchachas,
hierbas que tiemblan sin reposo,
humo que sube y sube.
Te decidiste,
castaña,
y saltaste a la tierra,
bruñida y preparada,
endurecida y suave
como un pequeño seno

ODE TO A CHESTNUT ON THE EARTH

You fell
from hairy foliage,
complete
from lustrous wood,
from bright mahogany,
clever
as a violin just
born in heaven,
a fallen offering
of mysterious gifts,
hidden sweetness,
finished in sacred solitude,
amid birds and leaves,
a school of form,
descendant of wood and flour,
an oval instrument,
inner structure guarding
untouched delight and an edible rose.
Up high you cast off
the prickly husk
that partially unlocked its spines
in the light of the chestnut tree.
Through this rift,
you glimpsed the world,
birds
abundant with syllables,
dew
with stars,
and below,
the heads of boys
and girls,
restless trembling grasses,
smoke rising and rising.
You made up your mind,
chestnut,
and leapt to the ground,
burnished and enthusiastic,
hard and soft
like a small breast

de las islas de América.
Caíste
golpeando
el suelo
pero nada pasó,
la hierba
suguió temblando, el viejo
castaño susurró como las bocas
de toda una arboleda,
cayó una hoja del otoño rojo,
firme siguieron trabajando
las horas en la tierra.
Porque eres
sólo
una semilla,
castaño, otoño, tierra,
agua, altura, silencio
prepararon el germen,
la harinosa espesura,
los párpados maternos
que abrirán, enterrados,
de nuevo hacia la altura
la magnitud sencilla
de un follaje,
la oscura trama húmeda
de unas nuevas raíces,
las antiguas y nuevas dimensiones
de otro castaño en la tierra.

of the American islands.
You descended,
knocking against
the earth,
but nothing happened—
the grass continued
to shake, the old
chestnut tree whispered
as if with the mouths of an entire grove.
A leaf of scarlet autumn drifted down,
and within the earth,
time continued its resolute work.
Because you are
simply
a chestnut seed,
autumn, earth, water,
sky, silence—
the source was prepared,
the plush bulk like flour,
the maternal eyelids
that will open, buried,
again looking skyward,
the simple grandeur
of green leaves,
the dark, wet plan
of new roots,
the old and new dimensions
of another chestnut tree on Earth.

ODA A LA CEBOLLA

Cebolla,
luminosa redoma,
pétalo a pétalo
se formó tu hermosura,
escamas de cristal te acrecentaron
y en el secreto de la tierra oscura
se redondeó tu vientre de rocío.
Bajo la tierra
fue el milagro
y cuando apareció
tu torpe tallo verde,
y nacieron
tus hojas como espadas en el huerto,
la tierra acumuló su poderío
mostrando tu desnuda transparencia,
y como en Afrodita el mar remoto
duplicó la magnolia
levantando sus senos,
la tierra,
así te hizo,
cebolla,
clara como una planeta,
y destinada
a relucir,
constelación constante,
redonda rosa de agua,
sobre
la mesa
de las pobres gentes.

Generosa,
deshaces
tu globo de frescura
en la consumación
ferviente de la olla,
y el jirón de cristal
al calor encendido del aceite
se transforma en rizada pluma de oro.

34

ODE TO THE ONION

Onion,
luminous globe,
petal by petal,
your splendor appeared;
crystal scales multiplied within your essence,
and beneath the secret of the rich earth,
your dewy belly grew round.
The miracle
was born underground,
and when your heavy green stem
appeared, and your leaves were born
like swords in the vegetable patch,
the earth accumulated riches,
exposing your naked transparency,
and as with Aphrodite, the remote sea
imitated the magnolia
by lifting its breasts;
likewise, the earth
created you,
onion,
clear as a planet,
and destined
to shine,
a steadfast constellation,
round sea rose
on
poverty's table.

Endowed with abundance,
you break
your fresh globe
in sizzling marriage
with the stew pot;
when you touch hot oil,
crystal slivers become
curled feathers of gold.

También recordaré cómo fecunda
tu influencia el amor en la ensalada
y parece que el cielo contribuye
dándote fina forma de granizo
a celebrar tu claridad picada
sobre los hemisferios de un tomate.
Pero al alcance
de las manos del pueblo,
regada con aceite
espolvoreada
con un poco de sal,
matas el hambre
del jornalero en el duro camino.
Estrella de los pobres,
hada madrina
envuelta
en delicado
papel, sales del suelo,
eterna, intacta, pura
como semilla de astro,
y al cortarte
el cuchillo en la cocina
sube la única lágrima
sin pena.
Nos hiciste llorar si afligirnos.
Yo cuando existe, celebré, cebolla,
pero para mí eres
más hermosa que un ave
de plumas cegadoras,
eres para mis ojos
globo celeste, copa de platino,
baile inmóvil
de anémona nevada

Y vive la fragrancia de la tierra
en tu naturaleza cristalina.

I will also remember your abundant
and loving influence on salads;
it seems the sky also contributed,
giving you the fine form of hail
in celebration of your diced clarity
when sprinkled over the tomato's planetary halves.
But when you reach
the hands of the people,
dappled with oil,
and dusted
with a little salt,
you silence a worker's hunger
along difficult roads.
Star of the poor,
fairy godmother
sheathed
in airy
paper, you exit the earth,
eternal, untouched, pure:
a star-seed.
And when the kitchen knife
slices you,
a painless tear
is shed.
You made us cry without affliction.
Throughout my days,
I've celebrated the onion.
In my eyes
you are more lovely
than a bird with blinding feathers.
In my eyes
you are a celestial globe, a platinum cup,
the quiescent dance
of an anemone in the snow.

And the fragrance of the land lives
within your crystalline nature.

ODA AL DIA FELIZ

Esta vez dejadme
ser feliz,
nada ha pasado a nadie,
no estoy en parte alguna,
sucede solamente
que soy feliz
por los cuatro costados
del corazón, andando,
durmiendo o escribiendo.
Qué voy a hacerle, soy
feliz.
Soy más innumerable
que el pasto
en las praderas,
siento la piel como un árbol rugoso
y el agua abajo,
los pájaros arriba,
el mar como un anillo
en mi cintura,
hecha de pan y piedra la tierra
el aire canta como una guitarra.

Tú a mi lado en la arena
eres arena,
tú cantas y eres canto,
el mundo
es hoy mi alma,
canto y arena,
el mundo
es hoy tu boca,
dejadme
en tu boca y en la arena
ser feliz,
ser feliz porque sí, porque respiro
y porque tú respiras,
ser feliz porque toco
tu rodilla
y es como si tocara

ODE TO THE HAPPY DAY

This time,
let me be happy—
nothing has happened to anybody—
I am now here special
I am only
happy
through the four chambers
of my heart, I am strolling,
sleeping, or writing.
What can I do? I'm
happy.
I am more uncountable
than the meadow grass—
I touch the skin of a wrinkled tree,
and the water below,
and the birds above,
and the sea, like a ring
around my waist;
The earth is made of bread and stone.
The air sings like a guitar.

You, by my side in the sand,
you are the sand.
You sing and you are song.
Today the world
is my soul,
song and sand;
today the world
is your mouth.
Let me be happy
on the sand, touching your mouth.
To be happy,
to be happy, because yes, because I am breathing,
and because you are breathing,
happy, because I am touching
your knee,
and it is as though

la piel azul del cielo
y su frescura.

Hoy dejadme
a mi solo
ser feliz
con todos o sin todos,
ser feliz con el pasto
y la arena,
ser feliz
con el aire y la tierra,
ser feliz,
contigo, con tu boca,
ser feliz.

I am touching the blue skin of heaven
and its pristine air.

Today let me
be
happy
with everybody—or without them,
with the deep green meadow,
and the sand,
with air and earth,
happy

ODA A LA ESPERANZA

Crepúsculo marino
en medio
de mi vida,
las olas como uvas,
la soledad del cielo,
me llenas
y desbordas,
todo el mar,
todo el cielo,
movimiento
y espacio,
los batallones blancos
de la espuma,
la tierra anaranjada,
la cintura
incendiada
del sol en agonía,
tantos
dones y dones,
aves que acuden a sus sueños,
y el mar, el mar,
aroma
suspendido,
coro de sal sonora,
mientras tanto,
nosotros,
los hombres,
junto al agua,
luchando
y esperando
junto al mar,
esperando.

Las olas dicen a la costa firme:
"Todo será cumplido."

ODE TO HOPE

Oceanic dawn
at the center
of my life,
waves like grapes,
the sky's solitude,
you fill me
and flood
the complete sea,
the undiminished sky,
tempo
and space,
seafoam's white
battalions,
the orange earth,
the sun's
fiery waist
in agony,
so many
gifts and talents,
birds soaring into their dreams,
and the sea, the sea,
suspended
aroma,
chorus of rich, resonant salt,
and meanwhile,
we men,
touch the water,
struggling,
and hoping,
we touch the sea,
hoping.

And the waves tell the firm coast:
"Everything will be fulfilled."

ODA A LA FERTILIDAD DE LA TIERRA

A Ti, fertilidad, entraña
verde,
madre materia, vegetal tesoro,
fecundación, aumento,
yo canto,
yo, poeta,
yo, hierba,
raíz, grano, corola,
sílaba de la tierra,
yo agrego mis palabras a las hojas,
yo subo a las ramas y al cielo.
Inquietas
son
las semillas,
sólo parecen
dormidas.
Las besa el fuego, el agua
las toca con su cinta
y se agitan,
largamente se mueven,
se interrogan,
abajo lanzan ojos,
encrespadas volutas,
tiernas derivaciones,
movimiento, existiencia.
Hay que ver un granero
colmado,
allí todo reposa
pero
los fuegos de la vida,
los fermentos
llaman,
fermentan,
arden
con hilos invisibles.
Uno siente en los ojos
y en los dedos
la presión, la paciencia,

ODE TO THE EARTH'S FERTILITY

This is for You, fertility,
green heart,
mother-stuff, vegetable treasure,
fruitful one. I'm adding
my song,
I, a poet,
I, grass,
root, grain, crown of petals,
a syllable of the earth,
I unite my word with leaves.
I raise myself to the branches
and to the sky.
Seeds
are
restless;
they only seem asleep.
Fire kisses
them, water touches them
with her ribbon,
and they shimmer,
awakening.
For a long time, they vibrate,
asking themselves questions.
Eyes shoot down:
curly whorls,
tender origins,
movement, existence.
Behold a bountiful granary
everything rests there,
but
the fires of life
and fermentation
call
with bubbles:
invisible threads
burn.
In the eyes, in the fingers,
one feels pressure, patience,

el trabajo
de gérmenes y bocas,
de labios y matrices.
El viento lleva ovarios.
La tierra entierra rosas.
El agua brota y busca.
El fuego hierve y canta.
Todo
nace.
Y eres,
fertilidad, una campana,
bajo tu círculo
la humedad y el silencio desarrollan
sus lenguas de verdura,
sube la savia,
estalla
la forma de la planta,
crece
la línea de la vida
y en su extremo se agrupan
la flor y los racimos.
Tierra, la primavera
se elabora en mi sangre,
siento,
como si fuera
árbol, territorio,
cumplirse en mí los ciclos
de la tierra,
agua, viento y aroma
fabrican mi camisa,
en mi pecho terrones
que allí olividó el otoño
comienzan a moverse,
salgo y silbo en la lluvia,
germina el fuego en mis manos,
y entonces
enarbolo
una bandera verde
que me sale del alma,
soy semilla, follaje,
encino que madura,

the mission
of seeds and mouths,
lips and wombs.
The wind brings ovaries.
The earth buries roses.
Water buds and searches.
Fire boils and sings.
Everything
is born
And, fertility,
you are a bell,
under your
wet and silent circle,
green tongues
ripen,
sap rises,
the form of the plant
breaks out,
life's line
burgeons.
Above,
flowers and clusters gather.
Oh Earth, springtime
takes shape in my blood,
and I feel like
a tree,
a planetary bundle
with earthly cycles reaching
fruition in me.
Water, wind, and aroma
weave my shirt,
and in my heart
there are clumps
of land
forgotten by autumn,
broadcasting their rhythms.
I go outside and whistle in the rain.
Fire germinates in my hands.
From my soul
I hoist a
green flag—
I am seeds, leaves,
an aging oak,

y entonces todo el día,
todo la noche canto,
sube de las raíces el susurro,
canta en el viento la hoja.
Fertilidad, te olvido.
Dejé tu nombre escrito
con la primera sílaba
de este canto,
eres tú más extensa,
más húmeda y sonora,
no puedo describirte,
ven a mí,
fertilízame,
dame sabor de fruto cada día,
dame
la secreta tenacidad de las raíces,
y deja que mi canto
caiga en la tierra y suban
en cada primavera sus palabras.

and so, all day and all night,
I sing.
A whisper rises from roots,
wind chants in the leaves.
Fertility, I am forgetting you.
I abandoned your written name
with the first syllable
of this song.
You are greater,
wetter, and more sweet sounding.
I cannot describe you.
Come to me.
Fertilize me.
Each day give me the zest of fruit.
Give me
the secret tenacity of roots,
and let my song to fall into the earth
and rise up again
each spring.

ODA A LA FLOR AZUL

Caminando hacia el mar
en la pradera
—es hoy noviembre—,
todo ha nacido ya,
todo tiene estatura,
ondulación, fragrancia.
Hierba a hierba
entenderé la tierra,
paso a paso
hasta la línea loca
del océano.
De pronto una ola
de aire agita y ondula
la cebada salvaje:
salta
el vuelo de un pájaro
desde mis pies, el suelo
lleno de hilos de oro,
de pétalos sin nombre,
brilla de pronto como rosa verde,
se enreda con ortigas que revelan
su coral enemigo,
esbeltos tallos, zarzas
estrelladas,
diferencia infinita
de cada vegetal que me saluda
a veces con un rápido
centelleo de espinas
o con la pulsación de su perfume
fresco, fino y amargo.
Andando a las espumas
del Pacífico
con torpe paso por la baja hierba
de la primavera escondida,
parece
que antes de que la tierra se termine
cien metros antes del más grande océano
todo se hizo delirio,
germinación y canto.

ODE TO THE AZURE FLOWER

Walking to the sea,
through the grasslands
—today is November—
everything has already experienced birth,
everything has attained stature,
wave, and fragrance.
Blade of grass, by blade of grass,
I will learn the earth,
footstep by footstep,
until I reach the ocean's
wild frontier.
Suddenly, a wave of
air shakes the wild barley
into crests and ripples.
At my feet,
a bird leaps into flight.
The Earth is teeming
with golden threads
and anonymous petals.
It shines like a sudden green rose,
wreathed with spines, revealing
its enemy coral,
slim stems, starry
canes.
Each messenger of vegetation that greets
me is infinitely different,
sometimes with rapid prickly sparks,
or fresh, fine, and bitter
pulsations of perfume.
Walking toward the Pacific's
foamy waves,
I pass with rough steps
through the low grasses
of undiscovered springtime.
It seems
that before the land ends,
a hundred meters before the greatest ocean,
everything has whirled into delirium,
germination, and song.

Las minúsculas hierbas
se coronaron de oro,
las plantas de la arena
dieron rayos morados
y a cada pequeña hoja de olvido
llegó una dirección de luna o fuego.
Cerca del mar, andando,
en el mes de noviembre,
entre los matorrales que reciben
luz, fuego y sal marinas
hallé una flor azul
nacida en la durísima pradera.
De dónde, de qué fondo
tu rayo azul extraes?
Tu seda temblorosa
debajo de la tierra
se comunica con el mar profundo?
La levanté en mis manos
y la miré como si el mar viviera
en una sola gota,
como si el combate
de la tierra y las aguas
una flor levantara
un pequeño estandarte
de fuego azul, de paz irresistible,
de indómita pureza.

Diminutive grasses
have crowned themselves with gold;
sand plants
emit purple rays,
and each small leaf of forgetfulness
arrives at its destination of moon or fire.
Close to the sea, I am walking
through the month of November.
Between brambles blessed
with light, fire and sea salts,
I discover an azure flower,
child of the rough meadow.
From where, from what source
do you extract your brilliant blue ray?
Do your quivering underground silks
communicate with the deep sea?
I raise the azure flower in my hands,
and look at it;
it seems the sea now exists
in a single drop,
and in the tense encounter between
earth and water,
a flower raises
a small flag of blue fire, of irresistible peace,
of invincible pureness.

ODA AL TOMATE

La calle
se llenó de tomates.

Mediodía,
verano,
la luz
se parte
en dos mitades
de tomate,
corre
por las calles
el jugo.
En diciembre
se desata
el tomate,
invade
las cocinas,
entra por los los almuerzos,
se sienta
reposado
en los aparadores,
entre los vasos,
las mantequilleras,
los saleros azules.
Tiene
luz propia,
majestad benigna.
Debemos, por desgracia,
asesinarlo:
se hunde
el cuchillo
en su pulpa viviente,
es una roja
víscera,
un sol
fresco,
profundo,
inagotable,

ODE TO THE TOMATO

The street
was overflowing with tomatoes.

Noon,
summer,
light
splits
into
two tomato
halves;
juice
runs through
the streets.
In December,
the tomato plant
is set free.
It invades kitchens,
enters lunches.
It sits
and rests
on cupboards,
between tumblers,
butterdishes,
and sky blue salt shakers.
The tomato revels in
its own light,
a gentle majesty.
Unfortunately
we must extinguish it:
the knife
sinks into its living pulp,
visceral red,
a fresh
sun,
deep,
and inextinguishable.

llena las ensaladas
de Chile,
se casa alegremente
con la clara cebolla,
y para celebrarlo
se deja
caer
aceite,
hijo
esencial del olivo,
sobre sus hemisferios entreabiertos,
agrega
la pimienta
su fragrancia,
la sal su magnetismo:
son las bodas
del día,
el perejil
levanta
banderines,
las papas
hierven vigorosamente,
el asado
golpea
con su aroma
en la puerta,
¡es hora!
¡vamos!
y sobre
la mesa, en la cintura
del verano,
el tomate,
astro de tierra,
estrella
repetida
y fecunda,
nos muestra
sus circunvoluciones,
sus canales,
la insigne plenitud
y la abundancia
sin hueso,

It fills Chilean
salads,
happily marries
the brilliant onion,
and to celebrate,
oil,
essential
son of the olive,
is allowed
to drizzle
over half-naked hemispheres.
To the sunbright wedding,
pepper
adds
sharp perfume,
and salt, magnetism,
parsley hoists
bannerettes,
potatoes
boil in a fury,
a roast knocks
aromatically
at the door.
It's time!
Let's go!
And on the table,
surrounded by summer,
the tomato
is an earthly star,
a fertile
and prolific
star,
revealing to us
circumvolutions,
canals,
an emblem
of abundance
with boneless,
heartless,

sin coraza,
sin escamas ni espinas,
nos entrega
el regalo
de su color fogoso
y la totalidad de su frescura.

scaleless and spineless
wealth.
It blesses us
with a treasure
of fiery watercolors,
and an undiminished blush.

ODA A LA TRISTEZA

Tristeza, escarabajo
de siete patas rotas,
huevo de telaraña,
rata descalabrada,
esqueleto de perra:
Aquí no entras.
No pasas.
Ándate.
Vuelve
al Sur con tu paraguas,
vuelve
al Norte con tus dientes de culebra.
Aquí vive un poeta.
La tristeza no puede
entrar por estas puertas.
Por las ventanas
entra el aire de mundo,
las rojas rosas nuevas,
las banderas bordadas
del pueblo y sus victorias.
No puedes.
Aquí no entras.
Sacude
tus alas de murciélago,
yo pisaré las plumas
que caen de tu manto,
yo barreré los trozos
de tu cadáver hacia
las cuatro puntas del viento,
yo te torceré el cuello,
te coseré los ojos,
cortaré tu mortaja
y enterraré tus huesos roedores
bajo la primavera de un manzano.

ODE TO SADNESS

Sadness, beetle
with seven shattered feet,
egg in a spider's web,
wounded rat,
bitch's skeleton.
Don't come in here.
Don't advance.
Get away from here.
Return to the South
with your umbrella;
return to the North
with your serpent fangs.
A poet lives here.
Sadness cannot penetrate
these doors.
Through these windows
the world's air enters,
pure red roses,
flags embroidered
with souls and their victories.
You cannot—
don't come in here.
Rumble
your bat-wings.
With my feet, I'll crush
the feathers falling from your cloak.
I'll sweep the remains
of your cadaver
and send it into the wind's four corners.
I'll wring your neck.
I'll sew up your eyes.
I'll cut your shroud
and bury your biting bones
under an apple tree's springtime.

ODA AL VERANO

Verano, violín rojo,
nube clara,
un zumbido
de sierra
o de cigarra
te precede,
el cielo
abovedado,
liso, luciente como
un ojo,
y bajo su mirada,
verano,
pez del cielo
infinito,
élitro lisonjero,
perezoso
letargo
barriguita
de abeja,
sol endiablado,
sol terrible y paterno,
sudoroso
como un buey trabajando,
sol seco
en la cabeza
como un inesperado
garrotoazo,
sol de la sed
andando
por la arena,
verano,
mar desierto,
el minero
 de azufre
se llena
de sudor amarillo,
el aviador
recorre
rayo a rayo

ODE TO SUMMER

Summer, red violin,
clear cloud,
the hum
of a saw
or cicadas
announce your arrival.
The heavens
arch
to a smoothness,
lucent
as an eye,
and below your gaze,
summer, you are
an infinite sky-fish,
shameless messenger
of praise,
lazy,
sleepy-eyed one,
little bee belly,
mischievous
sun,
terrible paternal sun,
sweaty as a toiling ox,
and the scorching sun
in one's head
is like a
sudden blow,
sun of thirst
crossing the sand,
summer,
desert sea.
The sulfur
miner
drips
yellow sweat,
the aviator
maps,
ray by ray,

el sol celeste,
sudor
negro
resbala
de la frente
a los ojos
en la mina
de Lota,
el minero
se restriega
la frente
negra,
arden
las sementeras,
cruje
el trigo,
insectos
azules
buscan
sombra,
tocan
la frescura,
sumergen
la cabeza
en un diamante.

Oh verano
abundante,
carro
de
manzanas
maduras,
boca
de fresa
en la verdura, labios
de ciruela salvaje,
caminos
de suave polvo
encima del polvo,
mediodía,
tambor
de cobre rojo,

the celestial sun,
darkened
sweat
slips
down a forehead
into the eyes;
at Lota,
the miner
scrubs
his blackened
forehead.
Seed beds
burn,
wheat
rustles,
blue insects
seek
shade,
touch
refreshment,
dive
headlong
into diamonds.

Oh lush
Summer,
ripe
apple
cart,
verdant
strawberry
mouth,
lips of wild plum,
roads
of tender
dust on dust,
midday
coppery red
drum.

y en la tarde
descansa
el fuego,
el aire
hace bailar
el trébol, entra
en la usina desierta,
sube
una estrella
fresca
por el cielo
sombrío,
crepita
sin quemarse
la noche
del verano.

In the afternoon,
fire
rests,
air
makes clover
dance; it enters
the deserted factory:
a fresh star
rises
in
the cloudy sky.
A summer night
sizzles
without
burning.

ODA A LA VIDA

La noche entera
con un hacha
me ha golpeado el dolor,
pero el sueño
pasó, lavando como un agua oscura
piedras ensangretandas.
Hoy de nuevo estoy vivo.
De nuevo
te levanto,
vida,
sobre mis hombros.

Oh vida,
copa clara,
de pronto
te llenas
de agua sucia,
de vino muerto,
de agonía, de pérdidas,
de sobrecogedoras telarañas,
de muchos creen
que ese color de infierno
guardarás para siempre.

No es cierto.

Pasa una noche lenta,
pasa un solo minuto
y todo cambia.
Se llena de transparencia
la copa de la vida.
El trabajo espacioso
nos espera.
De un solo golpe nacen las palomas.
Se establece la luz sobre la tierra.

ODE TO LIFE

The entire night,
armed with a hatchet,
has broken me with grief,
but the dream
passed in cleansing like dark water,
bloody stones.
Today again I am alive.
Again, life,
I raise you up
upon my shoulders.

Oh life,
clear cup,
quickly
you fill up
with dirty water,
dead wine,
agony, losses,
overhanging spider webs,
and many believe
you will guard
this nightmarish tint forever.

That is not true.

A slow night passes,
a simple minute passes,
and everything changes.
Life's cup
brims
with transparent brilliance.
The wide quest
awaits us.
Doves are born in a solitary burst.
Light establishes itself over the Earth.

Vida, los pobres
poetas
te creyeron amarga,
no salieron contigo
de la cama
con el viento del mundo.

Recibieron los golpes
sin buscarte,
se barrenaron
un agujero negro
y fueron sumergiéndose
en el luto
de un pozo solitario.

No es verdad, vida,
eres
bella
como la que yo amo
y entre los senos tienes
olor a menta.

Vida,
eres
una máquina plena,
felicidad, sonido
de tormenta, ternura
de aceite delicado.

Vida,
eres como una viña:
atesoras la luz y repartes
transformada en racimo.

Life, the poor
poets
believed you to be bitter.
They did not rise from bed
with you,
with the winds of our planet.

They received beatings
without searching for you.
They tunneled
a black hole
and continued their journeys,
submerged
in mourning,
drowning in a well of loneliness.

This is not truth, life.
You are
beautiful
like my beloved;
between your breasts,
the perfume of spearmint sings.

Life,
you are a complete instrument,
happiness, thunderstorm
airs, kindness
of mellow oil.

Life,
you are like a vine,
creating a treasure of light—
you share in the fruits of transformation.

El que de ti reniega
que espere
un minuto, una noche,
un año corto o largo,
que salga
de su soledad mentirosa,
que indague y luche, junte
sus manos a otras manos,
que no adopte ni halague
a la desdicha,
que la rechace dándole
forma de muro,
como a la piedra los picapedreros,
que corte la desdicha
y se haga con ella
pantalones.
La vida nos espera
a todos
los que amamos
el salvaje
olor a mar y menta
que tiene entre los senos.

The one who denies you—
wait
a minute, a night,
a short year, a long year,
exit
your false solitude,
search and fight, join
hands with other hands.
Do not adopt, do not praise
misfortune.
Reject it, giving it the form
of a wall,
like the stone-cutter's mineral.
Take scissors to misfortune,
and make
a pair of trousers.
Life
awaits each one of us—
those who cherish
the wild perfume of the sea,
and the celebration of spearmint
between your breasts.

Nuevas odas elementales

New Elemental Odes

ODA A LA CASCADA

De pronto, un día
me levanté temprano
y te di una cascada.
De todo
lo que existe
sobre la tierra,
piedras,
edificios,
claveles,
de todo
lo que vuela en el aire,
nubes,
pájaros,
de todo
lo que existe
bajo la tierra,
minerales,
muertos,
no hay
nada tan fugitivo,
nada que cante
como una cascada.

Ahí la tienes:
ruge
como leona blanca,
brilla
como la flor del fósforo,
sueña
con cada uno de tus sueños,
canta
en mi canto
dándome
pasajera platería.
Pero
trabaja
y mueve
la rueda
de un molino

ODE TO THE WATERFALL

Without a plan, one day,
I rose early
and gave you a waterfall.
Among everything
in existence
on Earth:
stones,
buildings,
carnations—
among everything
sailing through the air:
clouds,
birds—
among everything
here
on the planet:
minerals,
the dead,
there is nothing
that slips away so smoothly.
Nothing booms with song
like a waterfall.

Open your eyes:
there it roars
like a white lioness,
shines
like a phosphorescent flower,
dreams
with each of your dreams.
It is the song
writing my song
rewarding me
with a silver shop in motion.
But it also works,
turning the wheel
of a mill,

y no sólo
es herido crisantemo,
sino realizadora
de la harina,
madre del pan que comes
cada día.

Nunca
te pesará lo que te ha dado
porque siempre
fue tuyo
lo que te di, la flor o la madera,
la palabra o el muro
que sostienen
todo el amor errante que reposa
ardiendo en nuestros manos,
pero de cuanto
te di,
te doy,
te entrego,
será esta
secreta
voz
del agua
la que un día
dirá en su idioma cuanto
tú y yo callamos,
contará nuestros besos
a la tierra,
a la harina,
seguirá
moliendo
trigo,
noche,
silencio,
palabras,
cuentos,
canto.

it not only embodies
a wounded crysthanthemum,
but it also brings wheat
to its reality.
It is mother of the bread
you celebrate each day.

What I have given you,
will never be a burden,
because
what I gave you
was always yours,
the flower or wood,
the word or walls,
food of fleeting
love, resting or burning
in our hands.
But all
I gave you,
all I give you,
all I extend to you,
will contain this secret
voice
of
water.
One day,
it will tell you
in its own tongue
the extent of our silence.
It will roll our kisses
to earth,
to flour.
It will continue
to grind
wheat,
night,
silence,
words,
stories,
and song.

ODA A LAS FLORES DE LA COSTA

Han abierto las flores
silvestres de Isla Negra,
no tienen nombre, algunas
parecen azahares de la arena,
otras
encienden
en el suelo un relámpago amarillo.

Soy pastoral poeta.
Me alimento
como los cazadores,
hago fuego
junto al mar, en la noche.

Sólo esta flor, sólo estas
soledades marinas
y tú, alegre,
y simple como rosa de la tierra.

La vida me pidió que combatiera
y organicé mi corazón luchando
y levantando la esperanza:
hermano
del hombre soy, de todos.
Deber y amor se llaman
mis dos manos.

Mirando
entre las piedra
de la costa
las flores que esperaron
a través del olvido
y del invierno
para elevar un rayo diminuto

ODE TO FLOWERS ALONG THE COAST

The wildflowers on Isla Negra
are blooming.
They are nameless. Some
look like sand crocuses;
others
light up
the soil with yellow lightning.

I am a pastoral poet.
I nourish myself
like a hunter.
At night, I make fire
by the sea.

Only this flower, only this
loneliness of the sea,
and you, happy
and plain like an earthy rose.

Life asked me to fight,
so I organized my life around challenges
and towering hopes.
I am a brother
of humanity, of everybody.
My two hands are called
Duty and Love.

Between the stones
of the coast,
the patient flowers
linger,
transcending forgetfulness
and winter
to boost a small ray

de luz y de fragrancia,
al despedirme
una vez más
del fuego,
de la leña,
del bosque,
de la arena,
me duele dar un paso,
aquí
me quedaría,
no en las calles.
Soy pastoral poeta.

Pero deber y amor son mis dos manos.

of light and sharp sweet fragrance.
They are saying good-bye,
one more time,
to the fire,
to the firewood,
to the forest,
to the sand.
It hurts to walk.
I want to stay here
and not return to the streets of the city.
I am a pastoral poet.

But Duty and Love are my two hands.

ODA AL JABON

Acercando
el
jabón
hasta mi cara
su cándida fragrancia
me enjena:
No sé
¿de donde vienes,
aroma,
de la provincia
vienes?
¿De mi prima?
¿De la ropa en la artesa
entre las manos
estrelladas de frío?
¿De las lilas
aquéllas,
ay, de aquéllas?
¿De los ojos
de María campestre?
¿De las ciruelas verdes
en la rama?
¿De la cancha de fútbol
y del baño
bajo los
temblorosos
sauces?
¿Hueles a enramada,
a dulce amor o a torta
de onomástico? ¿Hueles
a corazón mojado?

¿Qué me traes,
jabón,
a las narices
de pronto,
en la mañana,
antes de entrar al agua
matutina

ODE TO SOAP

Soap,
I bring you
near my face,
and your snowy perfume
seems foreign to me.
I don't know the land
of your origin,
aroma,
do you come from
provincial turf?
Or from my gorgeous cousin?
From laundry in a trough
soaking, or from the starry hands
of a chill?
Or from those lilacs,
oh those lilacs?
Or from the eyes of
Maria, the farm girl?
From branches, full and heavy
with green plums?
From the soccer field
or from the bathroom
under the trembling of willows?
Do you smell like arbors,
like sweet love,
or a saint's day cake?
Do you spread the aroma
of a dewy heart?

What do you bring me,
soap?
To my nostrils
suddenly
in the morning
before entering dawn's
waters,

y salir por las calles
entre hombres abrumados
por sus mercaderías?
¿Qué olor de pueblo
lejos,
qué flor
de enaguas,
miel de muchachas silvestres?
O tal vez
es el viejo olvidado
olor del almacén
de ultramarinos
y abarrotes,
los blancos lienzos fuertes
entre las manos de los campesinos,
el espesor feliz
de la chancaca,
o en el aparador de la casa
de mis tíos
un clavel rojo
como un rayo rojo,
como una flecha roja?

¿Es eso
tu agudo
olor
a tienda
barata, a colonia
inolvidable, de peluquería,
a la provincia pura,
el agua limpia?

Eso
eres,
jabón,
delicia pura,
aroma transitorio
que resbala
y naufraga como un
pescado ciego
en la profundidad de la bañera.

to leave through the streets
among men overwhelmed
by the burden of their merchandise?
What perfume of a distant
town,
petticoat flowers,
honey of wild girls?
Or maybe
it is the old-fashioned
essence of the
general store
and foodstuffs,
strong white linens
pressed in the hands of country folk,
the happy
plushness
of spun sugar,
or my uncle and aunt's
kitchen cupboard,
or a red carnation
like a ray,
like a crimson arrow?

Is that
your brisk
bouquet
of bargain
stores,
of an unforgettable colony,
of beauty parlors,
of a pure province,
of immaculate water?

Soap,
you
are
pure delight,
fleeting fragrance
slipping like a shipwreck,
like a blind fish
in the profundities of the bathtub.

ODA A LA PAPA

Papa
te llamas,
Papa
y no patata,
no naciste con barba,
no eres castellana:
eres oscura
como
nuestra piel,
somos americanos,
Papa,
somos indios.
Profunda
y suave eres,
pulpa pura, purísima
rosa blanca
enterrada,
floreces
allá adentro
en la tierra,
en tu lluviosa
tierra
originaria,
en las islas mojadas
de Chile tempestuoso,
en Chiloé marino,
en medio de la esmeralda que abre
su luz verde
sobre el austral océano.

Papa,
materia
dulce,
almendra
de la tierra,
la madre
allí
no tuvo

ODE TO THE SPUD

Spud
is your name,
spud,
and not Potato.
You were not born with a beard.
You are not Castilian.
You are dark
like our skin.
We are Americans,
spud,
we are Indians.
You are deep
and tender,
pure pulp, the purest
subterranean
white rose.
You flourish
there, within
the Earth,
in the rain-rich soil
of your origins,
on dewy Chilean
isles, in tempests,
on maritime Chiloe
at the center of an emerald,
extending its green glow
over the southern ocean.

Spud,
sweet
matter,
dusty
almond,
the mother
beyond
did not cradle

metal muerto,
allí en la oscura
suavidad de las islas
no dispuso
el cobre y sus volcanes
sumergidos,
ni la crueldad azul
del manganeso,
sino que con su mano,
como en un nido
en la humedad más suave,
colocó tus redomas,
y cuando
el trueno
de la guerra
negra,
España
inquisidora,
negra como águila de sepultura,
buscó el oro salvaje
en la matriz
quemante
de la Araucanía,
sus uñas
codiciosas
fueron exterminadas,
sus capitanes,
muertos,
pero cuando a las piedras de Castilla
regresaron
los pobres capitanes derrotados,
levantaron en las manos sangrientas
no una copa de oro
sino la papa
de Chiloé marino.

Honrada eres
como
una mano
que trabaja en la tierra,

dead metal.
There in the dark,
insular softness,
she did not prepare
copper and submerged
volcanoes,
or the blue severity
of manganese,
but rather, with her hand,
as though in a nest,
in the most tender wetness,
she deposited your balloons,
and when
the thunder
of the black
war,
inquisitor
Spain,
black like a sepulchral eagle,
searched for the wild gold
in the fiery
womb
of the Araucanian,
their greedy
fingernails
were poisoned,
their captains
killed,
and when they returned
to the rocks of Castile,
the poorest defeated captains,
raised in their bloody hands,
not a golden chalice,
but a spud from
the shores of Chiloe.

You are honored
like
hands
working the soil,

familiar
eres como
una gallina,
compacta como un queso
que la tierra elabora
en sus ubres
nutricias,
enemiga del hambre,
en todas las naciones
se enterró tu bandera
vencedora
y pronto allí,
en el frío o en la costa
quemada,
apareció
tu flor
anónima
anunciando la espesa
y suave
natalidad de sus raíces.

Universal delicia,
no esperabas
mi canto
porque eres sorda
y ciega
y enterrada.
Apenas
si hablas en el infierno
del aceite
o cantas
en las freidurías
de los puertos
cerca de las guitarras,
silenciosa,
harina de la noche
subterránea,
tesoro interminable
de los pueblos.

you are
familiar
like a hen,
compact as a cheese
manufactured by the Earth
within her nourishing udders,
hunger's enemy
in all nations,
your victorious flag
is buried,
and quickly there
in the cold or on the
burning coast,
your anonymous
flower
appears,
announcing the thick
and soft nativity
of your roots.

Universal delight,
you did not await
my song because you are deaf
and blind
and buried.
If you talk,
then it is only a little
in oil's inferno,
or if you sing,
it is in the ports
where fish fry,
close to guitars,
oh silent one,
flour
of the underground
night,
the people's
never-ending treasure.

ODA AL PICAFLOR

Al colibrí
volante
chispa de agua,
incandescente gota
de fuego
americano,
resumen
encendido
de la selva,
arco iris
de precisión
celeste:
al picaflor
un arco,
un hilo
de oro,
¡una fogota
verde!

Oh
mínimo
relámpago
viviente,
cuando
se sostiene
en el aire
tu
estructura
de polen,
pluma
o brasa,
te pregunto,
¿qué cosa eres,
en dónde
te originas?
Tal vez en la edad ciega
del diluvio

ODE TO THE HUMMINGBIRD

The hummingbird
in flight
is a water-spark,
an incandescent drop
of American
fire,
the jungle's
flaming résumé,
a heavenly,
precise
rainbow:
the hummingbird is
an arc,
a golden
thread
a green
bonfire!

Oh
tiny
living
lightning,
when
you hover
in the air,
your
a body of pollen,
a feather
or hot coal,
I ask you:
What is your substance?
And from where do you originate?
Perhaps during the blind age
of the Deluge,

en el lodo
de la fertilidad,
cuando
la rosa
se congeló en un puño de antracita
y se matricularon los metales,
cada uno en
su secreta
galería,
tal vez entonces
de reptil
herido
rodó un fragmento,
un átomo
de oro,
la última
escama cósmica, una
gota
del incendio terrestre
y voló
suspendiendo tu hermosura,
tu iridiscente
y rápido zafiro.

Duermes
en una nuez,
cabes en una minúscula corola,
flecha,
designio,
escudo,
vibración
de la miel, rayo del polen,
eres tan valeroso
que el halcón
con su negra emplumadura
no te amendrenta:
giras
como luz en la luz,
aire en el aire,

within fertility's
mud,
when the rose
crystallized
in an anthracite fist,
and metals matriculated,
each one in
a secret gallery
perhaps then
from a wounded reptile
some fragment rolled,
a golden atom,
the last cosmic scale,
a drop of terrestrial fire
took flight,
suspending your splendor,
your iridescent,
swift sapphire.

You doze
on a nut,
fit into a diminutive blossom;
you are an arrow,
a pattern,
a coat-of-arms,
honey's vibrato, pollen's ray;
you are so stouthearted—
the falcon
with his black plumage
does not daunt you:
you pirouette,
a light within the light,
air within the air.

y entras
volando
en el estuche húmedo
de una flor temblorosa
sin miedo
de que su miel nupcial te decapite.

Del escarlata al oro espolvoreado,
al amarillo que arde,
a la rara
esmeralda cenicienta,
al terciopelo anaranjado y negro
de tu tornasolado corselete,
hasta el dibujo
que como
espina de ámbar
te comienza,
pequeño ser supremo,
eres milagro,
y ardes
desde
California caliente
hasta el silbido
del viento amargo de la Patagonia.
Semilla del sol
eres,
fuego
emplumado,
minúscula
bandera
voladora,
pétalo de los pueblos que callaron,
sílaba
del la sangre enterrada,
penacho
del antiguo
corazón
sumergido.

Wrapped in your wings,
you penetrate the sheath
of a quivering flower,
not fearing
that her nuptial honey
may take off your head!

From scarlet to dusty gold,
to yellow flames,
to the rare
ashen emerald,
to the orange and black velvet
of your girdle gilded by sunflowers,
to the sketch
like
amber thorns,
your Epiphany,
little supreme being,
you are a miracle,
shimmering
from torrid California
to Patagonia's whistling,
bitter wind.
You are a sun-seed,
plumed
fire,
a miniature
flag
in flight,
a petal of
silenced nations,
a syllable
of buried blood,
a feather
of an ancient heart,
submerged.

ODA AL PRESENTE

Este
presente
liso
como una tabla,
fresco,
esta hora,
este día
limpio
como una copa nueva
—del pasado
no hay una
telaraña—
tocamos
con los dedos
el presente, cortamos
su medida,
dirigimos
su brote
está vivente, vivo,
nada tiene
de tiene de ayer irremediable,
de pasado perdido,
es nuestra criatura,
está creciendo
en este
momento, está llevando
arena, está comiendo
en nuestras manos,
cógelo,
que no resbale,
que no se pierda en sueños
ni palabras,
agárralo,
sujétalo,
y ordéndalo
hasta que te obedezca,
hazlo camino,

ODE TO THE PRESENT

This
present moment,
smooth
as a wooden slab,
this
immaculate hour,
this day
pure
as a new cup
from the past—
no spider web
exists—
with our fingers,
we caress
the present;
we cut it
according to our magnitude;
we guide
the unfolding of its blossoms.
It is living,
alive—
it contains
nothing
from the unrepairable past,
from the lost past,
it is our
infant,
growing at
this very moment, adorned with
sand, eating from
our hands.
Grab it.
Don't let it slip away.
Don't lose it in dreams
or words.
Clutch it.
Tie it,
and order it
to obey you.
Make it a road,

campana,
máquina,
beso, libro,
caricia,
corta
su deliciosa
fragrancia de madera
y de ella
hazte una silla,
trenza
su respaldo,
pruéblala,
¡o bien
escalera!

Sí,
escalera,
sube
en el presente,
peldaño,
firmes tras peldaño,
los pies en la madera
del presente,
hacia arriba,
hacia arriba,
no muy alto,
tan sólo
hasta que puedas
reparar
las goteras
del techo,
no muy alto,
no te vayas al cielo,
alcanza
las manzanas,
no las nubes,
ésas
déjalas
ir por el cielo, irse
hacia el pasado.

a bell,
a machine,
a kiss, a book,
a caress.
Take a saw to its delicious
wooden
perfume.
And make a chair;
braid its
back;
test it.
Or then, build
a staircase!

Yes, a
staircase.
Climb
into
the present,
step
by step,
press your feet
onto the resinous wood
of this moment,
going up,
going up,
not very high,
just so
you repair
the leaky roof.
Don't go all the way to heaven.
Reach
for apples,
not the clouds.
Let them
fluff through the sky,
skimming passage,
into the past.

Tú
eres tu presente,
tu manzana:
tómala
de tu árbol,
levántala
en tu mano,
brilla
como una estrella,
tócala,
híncale el diente y ándate
silbando en el camino.

You
are
your present,
your own apple.
Pick it from
your tree.
Raise it
in your hand.
It's gleaming,
rich with stars.
Claim it.
Take a luxurious bite
out of the present,
and whistle along the road
of your destiny.

ODA A LA ROSA

A la rosa,
a esta rosa,
a la única,
a esta gallarda, abierta,
adulta rosa,
a su profundidad de terciopelo,
al estallido de su seno rojo.
Creían,
sí,
creían
que reuniciaba a ti,
que no te canto,
que no eres mía, rosa,
sino ajena,
que yo
voy por el mundo
sin mirarte,
preocupado
sólo
del hombre
y su conflicto.
No es verdad, rosa,
te amo.
Adolescente,
preferí las espigas,
las granadas,
preferí ásperas flores
de matorral, silvestres
azucenas.
Por elegante
desprecié tu erguida
plenitud,
el raso matinal de tu corpio,
la indolente insolencia
de tu agonía, cuando
dejas caer un pétalo
y con los otros
continúas ardiendo

ODE TO THE ROSE

For the rose,
for this rose,
for the only one,
for this graceful, open,
adult rose,
for her depths of velvet,
for the cry of her red bosom.
They used to believe,
yes,
they used to believe
that I renounced you,
that I do not sing to you,
that you are not my rose,
but something exotic.
They believed
that I
travel the world
without looking into you,
worried only
about
the conflicts
of the human race.
That is not true, rose.
I love you.
As a teenager
I preferred brambles,
pomegranates,
I preferred the rough bouquets
of the thicket, wild
lilies.
I disdained the elegance
of your floriferous
stature,
your small body of morning satin,
the indolent insolence
of your agony.
When you let fall a petal
with the others,
you continue to burn away

hasta que se esparció todo el tesoro.
Me perteneces,
rosa,
como todo
lo que hay sobre la tierra,
y no puede
el poeta
cerrar los ojos
a tu copa encendida,
cerrar el corazón a tu fragrancia.
Rosa, eres dura:
he visto
caer la nieve en mi jardín:
el hielo
paralizó la vida,
los grandes árboles
quebraron sus ramajes,
solo,
rosal,
sobreviviente,
terco,
desnudo, allí en el frío
parecido a la tierra,
pariente
del labrador, del barro,
de la escarcha,
y más tarde
puntual, el nacimiento
de una rosa,
el crecimiento de una llamarada.

Rosa obrera,
trabajas
tu perfume,
elaboras
tu estallido escarlata o tu blancura,
todo el invierno
buscas en la tierra,
excavas
minerales,

until a complete treasure is scattered.
You belong to me,
rose,
as does everything which
blankets the Earth,
and the poet cannot
close his eyes
to your cup of fire,
or seal off his heart from your fragrance.
I have witnessed
snow falling in my garden,
ice
paralyzing life,
great trees
with cracked limbs.
Only you, a tree of roses,
survived,
stubborn,
naked in the cold,
with earthy affinity,
kin
of the worker, of clay,
of frost.
And later,
the punctual birth
of a rose
is the springtime's first flame.

Rose of toil,
you invent
perfume,
refining
your scarlet explosion or whiteness.
All winter long,
you search the soil,
you excavate
minerals,

minera,
sacas fuego
del fondo
y luego
te abres,
esplendor de la luz, labio del fuego,
lámpara de hermosura.

A mí
me pertences,
a mí y a todos,
aunque
apenas
tengamos
tiempo para mirarte,
vida para
dedicar a tus llamas
los cuidados,
rosa,
eres nuestra,
vienes
del tiempo consumido
y avanzas,
sales de los jardines
al futuro.
Caminas
el camino
del hombre,
inquebrantable y victoriosa eres
un pequeño
capullo de bandera.
Bajo tu resistente y delicado
pabellón de fragrancia
la grave tierra derrotó a la muerte
y la victoria fue tu llamarada.

a miner,
you bring up fire
from the planetary core,
and then you open yourself:
splendor of light, fire-lip,
beauty's lamp.

You belong
to me,
to me and to all souls,
although
we hardly have
time to admire you,
or life to dedicate
to the cultivation of your tender flames.
Rose,
you are ours—
you rise from
decomposed time,
and leaving behind gardens,
you advance
into the future.
You walk
the road
of humanity.
Unbreakable and victorious, you are
a little
flower-flag.
Under your resistant and delicate
pavilion of perfume,
the heavy earth defeated death,
and the victory was your burst of fire.

ODA A LA SOLIDARIDAD

¿Y allí qué hicieron?
¿Sabes?
¿Estás de acuerdo?
¿Quiénes?
Algo pasa y es tu culpa.
Pero tú no sabrás.
Ahora
yo te advierto.
No puedes
dejar así las cosas.
¿Dónde
tienes el corazón?
Tú tienes boca.
Me estás mirando
de manera extraña.
Parece
que de repente
sabes
que te falta una mano,
los dos ojos,
la lengua,
o la esperanza.

¿Pero
es posible, Pedro
o Juan o Diego,
que perdieras
algo
tan necesario
sin qu te dieras cuenta?
¿Caminabas
dormido?
¿Qué comías?
¿No miraste
los ojos de las gentes?
¿No entraste
a un tren, a una barraca,
a una cocina,

And what did they accomplish there?
Do you know?
Do you agree with it?
Who?
Something happens and it's your fault.
But you won't be aware of it.
I am warning you
now.
You cannot
leave things
like this.
Where
is your heart?
You have a voice.
You're looking at me
with bewildered eyes.
It seems that
suddenly
you realize
that you are missing a hand,
two eyes,
a tongue,
or hope.

But is it possible,
Pedro
or Juan or Diego
that you lost
something
so necessary
without knowing it?
Were you
sleepwalking?
Didn't you see
the eyes of the people?
Didn't you enter a train,
a barracks,
a kitchen?

no notaste la luz
enmascarada,
no has visto que las manos
del que va y viene
no sólo son sus manos:
es alguien
y algo que te buscaba?

A ti, no mires
a otro lado,
porque
no llamo a tu vecino
a ti
te estoy hablando:
Los otros me dijeron:
"Búscalo,
estamos solos".
Las hojas
recién nacidas de la primavera
preguntaron:
¿Qué haces aquí Pedro?
Yo no supe, no pude
contestar
y luego
el pan de cada día
y el cielo con estrellas
todo pregunta
dónde vive Juan,
y si Diego
se ha perdido
y ellos,
ellos
allí solos
y cada día
solos,
entre
silencio
y muro

Didn't you notice the masked
light?
Haven't you noticed the hands
of the passerby?
Not only the hands,
but the person,
and the object of your quest?

Look at yourself.
Don't look anywhere else,
because
I am not calling your neighbor—
I am calling you.
The others said to me,
"Search for him—
we are alone."
Spring's
newborn leaves
asked,
"What is Pedro up to?"
I didn't know.
I could not
answer,
and then
each day's loaf of bread,
and the star-drenched sky,
all creation
asks
where Juan lives,
and
if
Diego
has wandered astray;
and they,
they,
there are alone
each day,
solitary,
surrounded by
silence
and walls

mientras
que tú
que yo, fumamos.
Humo,
círculos, arabescos,
anillos de
humo
y humo,
anillos de humo y humo,
¿son las vidas?
No es cierto.
No te escapes.
Ahora
me ayudarás. Un dedo,
una palabra,
un signo
tuyo
y cuando
dedos, signos, palabras
caminen y trabajen
algo
aparecerá en el aire inmóvil,
un solidario sonido en la ventana,
una
estrella en la terrible paz nocturna,
entonces
tú dormirás tranquilo:
serás parte
del sonido que acude a la ventana,
de la luz que rompió la soledad.

while
you
and I
smoke.
Smoky
circles, arabesques,
rings
of smoke,
rings of smoke and smoke.
Are they lives?
It is uncertain.
Now
Don't escape.
you will help me.
A finger, a word,
your sign,
and when fingers, signs, and words
walk and work
something
will appear in the still air,
the music of solidarity
coming from a window,
a star
piercing the awesome nighttime peace,
and then
you will sleep serenely.
You will live in peace.
You will be part of the music,
responding at the window:
the light that shatters the separation.

Tercer libro de las odas

Third Book of Odes

ODA A LA ABEJA

Multitud de la abeja!
Entra y sale
del carmín, del azul,
del amarillo,
de la más suave
suavidad del mundo:
entra en
una corola
precipitadamente,
por negocios,
sale
con traje de oro
y cantidad de botas
amarillas.

Perfecta
desde la cintura,
el abdomen rayado
por barrotes oscuros,
la cabecita
siempre
preocupada
y las
alas
recién hechas de agua:
entra
por todas las ventanas olorosas,
abre
las puertas de seda,
penetra por los tálamos
del amor más fragrante,
tropieza
con
una gota
de rocío
como un diamante
y de todas las casas
que visita

ODE TO THE BEE

Oh the gathering of the bee!
It enters and exits
crimson, blue,
and yellow,
the softest
softness of the world.
In a hurry,
it enters the flower's heart
to do business,
and leaves
with a golden suit
and many yellow
boots.

With a perfect
midsection:
abdomen striped
with dark bars,
a small head
always
worried,
and wings
freshly
created water:
it enters
all perfumed windows,
opens
silken portals,
penetrates love's
nectared
bridal bed,
bumps
into a
dewdrop
like a diamond,
and from all the homes,
it visits,

saca
miel
misteriosa,
rica y pesada
miel, espeso aroma,
líquida luz que cae en goterones,
hasta que a su
palacio
colectivo
regresa
y en las góticas almenas
desposita
el producto
del la flor del vuelo,
el sol nupcial seráfico y secreto!

Multitud de la abeja!
Elevación
sagrada
de la unidad,
colegio palpitante!

Zumban
sonoros
números
que trabajan
el néctar,
pasan
veloces
gotas
de ambrosía:
es la siesta
del verano en las verdes
soledades
de Osorno. Arriba
el sol clava sus lanzas
en la nieve,
relumbran los volcanes,
ancha

the bee extracts
mystic
honey,
rich and turbid
honey, a thick perfume,
liquid light falling in great drops,
until it returns
to the collective
palace
and deposits
in Gothic turrets
the distillation
of flower and flight,
the secret wedding sun of angels!

Oh the gathering of the bee!
Sacred
heights
of unity,
palpitating college!

Resounding,
buzzing
numbers
work the nectar,
quick drops
of ambrosia
pour:
this is summer's siesta—
the green
seclusion
of Osorno. Above
the sun radiates lances;
in the snow,
volcanoes sparkle;
the land
is wide

como
los mares,
es la tierra,
azul es el espacio,
pero hay algo
que tiembla, es
el quemante
corazón
del verano,
el corazón de miel
multiplicado,
la rumorosa
abeja,
el crepitante
panal
de vuelo y oro!

Abejas,
trabajadoras puras,
ojivales
obreras,
finas, relampaguenates
proletarias,
perfectas,
temerarias milicias
que en el combate atacan
con aguijón suicida,
zumbad,
zumbad sobre
los dones de la tierra,
familia de oro,
multitud del viento,
sacudid el incendio
de las flores,
la sed de los estambres,
el agudo
hilo
de olor
que reúne los días,
y propagad
la miel

like the seas,
space incarnates the blueness—
but something
trembles. It
is summer's heart
of radiant light:
the heart of honey's
lush creation,
the busybody
bee,
the crackling
honeycomb
of golden
flight!

Bees,
pure workers,
ogival
laborers,
fine lightning
proletariat,
daring militia
in combat surging
with suicidal stingers,
buzz,
chant your blessings over
the Earth's treasures,
golden family,
breezy multitude,
shake fire
from wild bouquets,
a woolen thirst,
the piquant
perfumed
thread,
harmonizer of days.
Propagate
honey

sobrepasando
los continentes húmedos, las islas
más lejanas del cielo
del oeste.

Sí:
que la cera levante
estatuas verdes,
la miel
derrame
lenguas
infinitas,
y el océano sea
una colmena,
la tierra
torre y túnica
de flores,
y el mundo
una cascada,
cabellera,
crecimiento
incesante
de panales!

while crossing
moist continents, the most
distant isles
of the western sky.

Yes:
let wax raise
green statues;
let honey
spill
infinite
tongues,
so that the ocean may become
a beehive,
the earth a
tower and tunic
of flowers,
and the planet
a cascade,
a never-ending
harvest
of honeycombs.

ODA AL ALHELI

Cuando envuelto en papeles,
devorador siniestro
de libros y libracos,
llegué a la Isla, al sol
y sal marina,
arranqué del pequeño
jardín
los alhelíes.
Los tiré a la barranca,
los increpé
contándolos
mis pasiones contrarias:
plantas de mar, espinas
coronadas
de purpúreos relámpagos:
así dispuse
mi jardín en la arena.

Declaré suburbana
la fragrancia
del alhelí que el viento
allí esparció con invisibles dedos.

Hoy he vuelto
después de largos
meses,
parecidos a siglos, años
de sombra, luz y sangre
a plantar
alhelíes
en la Isla:
tímidas flores,
apenas
luz fragrante,
protagonistas puras
del silencio:

ODE TO FRAGRANT STOCK

When I was smothered in papers,
a sinister devourer
of books and pamphlets,
when I returned to the island,
to the sun
and ocean salt,
I uprooted
fragrant stock
from the small garden,
and I tossed the flowers into a ditch,
and rebuked them,
lecturing the stalky bouquets about
my perverse passions:
with sea-plants, thorns
crowned
with purple lightning:
that is how I arranged
my garden in the sand.

I declared
them suburban:
the pastel-fragrant stock
scattered there by the wind's
invisible fingers.

Today I have returned
after long
months
that seemed like centuries, years
of shadow, light and blood,
to plant
fragrant stock
on the island:
shy flowers,
faint aromatic luster,
pure protagonists
of silence:

ahora
os amo
porque
aprendí
la claridad
andando
y tropezando
por la tierra,
y cuando caí con la cabeza
golpeada, un
resplandor
morado,
un rayo blanco,
un olor infinito de pañuelo
me recibió:
los pobres alhelíes
de fiel aroma, de perdida nieve
me esperaban: rodearon
mi cabeza
con estrellas o manos
conocidas,
reconocí
el aroma
provinciano,
volví a vivir aquella
intimidad fragrante.

Amados alhelíes
olvidados,
perdonadme.
Ahora
vuestras
celestiales flores
crecen
en mi jardín de arena,
impregnando
mi corazón
de aromas amorosos:
en la tarde
derrama
el cristalino viento del océano

now I love you
because
I learned
the ways of
clarity
walking
and stumbling
onto the earth—
when I fell and bumped
my noggin,
a purple
shine,
a white ray,
an infinite handkerchief aroma
welcomed me—
poor fragrant stock
with their perfume of faith, from lost snow—
they waited for me and rimmed
my head
with stars or friendly
hands.
I detected
their provincial
bouquet,
and again lived
that sweet intimacy.

Beloved, neglected
fragrant stock,
forgive me.
Now
your
starry flowers
grow
in my sandy garden,
impregnating my
heart
with honeymoon incense:
in the afternoon,
the crystalline
ocean wind

gotas de sal azul,
nieve marina.

Todo a la claridad ha regresado!
Me parece
de pronto
que el mundo
es más sencillo,
como se hubiera llenado
de alhelíes.
Dispuesta
está
la tierra.
Empieza
simplemente
un nuevo día de alhelíes.

spills
drops of blue salt,
the ocean's snow.

Everything has returned to brilliance!
Suddenly,
it seems to me,
that the world
has grown more simple,
as though it had been filled
with fragrant stock.
The Earth
is ready.
A new day
with stock
simply
begins.

ODA AL AROMO

Vapor o niebla o nube
me rodeaban.
Iba por San Jerónimo
hacia el puerto
casi dormido cuando
desde el invierno
una montaña
de luz amarilla,
una torre florida
salió al camino y
todo se llenó de perfume.

Era un aromo.

Su altura
de pabellón florido
se constryó
con miel y sol y aroma
y en él
yo ví
la catedral del polen,
la profunda
ciudad
de las abejas.

Allí me quedé mudo
y eran los montes
de Chile, en el invierno,
submarinos,
remotos,
sepultados,
en el agua invisible
del cielo plateado:
sólo

ODE TO THE MYRRH TREE

Fog, vapors, or a cloud
surrounded me.
I was passing through San Jeronimo,
heading toward the port,
I was almost asleep,
when from the depths of winter,
a mountain
of yellow light,
a tower of blossoms
appeared along the road,
and everything
celebrated with the fragrance.

A myrrh tree!

Its tall blossomy
pavilion
was composed of
honey and sun and perfume
And in it
I
beheld
pollen's cathedral,
the deep
city
of bees.

I remained there—mute with rapture—
in wintertime
with the Chilean mountains,
underwater,
remote,
buried
in the invisible water
of the silvery sky:
only

el árbol mimosa
daba en la sombra
gritos
amarillos
como si
de la primavera errante
se hubiera desprendido
una campana
y allí
estuviera
ardiendo
en
el árbol sonoro,
amarillo,
amarillo
como ninguna cosa puede serlo,
ni el canario, el el oro,
ni la piel del limón, ni la retama.

Aromo,
sol terrestre,
explosión
del perfume,
cascada,
catarata
cabellera
de todo el amarillo
derramado
en una sola ola de follaje
aromo adelantado
en el austral
invierno
como un valiente
militar
amarillo,
antes de la batalla,
desnudo,
desarmado,
frente
a los batallones de la lluvia,
aromo,
torre

the soft tree
radiated
yellow cries
in the shadows,
as though
nomadic spring
had allowed a bell
to tumble into freedom,
and there
fire
shimmered
in the
sonorous tree,
yellow,
yellower
than any possibility of yellowness—
not the canary's hue, not gold,
not lemon skin, not broom.

Myrrh tree,
earthly sun,
perfume's
explosion,
cascade,
waterfall,
long wig
of integral gold
spilled in a single
leafy wave,
precocious
myrrh tree
in southern winters
like an intrepid
yellow
soldier,
before battle,
naked,
and unarmed,
facing battalions of raindrops.
Myrrh tree,
tower

de
la
luz
fragrante, previa
fogata
de la primavera,

salud

salud

pesado es tu trabajo
y un amarillo amor es tu espesura.

Te proclamo
panal
del mundo.
queremos
por un instante
ser
abejorros
silvestres,
elegantes, alcohólicas,
avispas,
moscardones de miel
y terciopelo,
hundir
los ojos,
la camisa,
el corazón,
el pelo
en tu temblor fragrante,
en tu copa
amarilla
hasta ser sólo aroma
en tu planeta,
polen de honor, intimidad del oro,
pluma de tu fragrancia.

of
ambrosial
light,
spring's
forgotten
blaze.

Here's to your health!

Here's to your glory!

Your task is heavy,
but yellow love
finds a home in your richness.

I proclaim you
honeycomb
of the world:
for a moment
we want to be
wild
beekeepers,
exquisite alcoholic
wasps,
hornets of honey
and velvet.
We want to immerse
eyes,
shirts,
heart,
hair
in your sweet shivering,
in your yellow
treetop,
until we become a simple aroma
of your
planet,
pollen's honor, golden intimacy,
a feather of your fragrance.

ODA AL BOSQUE DE PETRAS

Por la costa, entre los
eucapliptus azules
y las mansiones nuevas
de Algarrobo,
hay un bosque
solemne:
un antiguo
puñado de árboles
que olvidó la muerte.

Los siglos
retorcieron
sus troncos, cicatrices
cubrieron cada rama,
ceniza y luto
cayeron sobre sus antiguas copas,
se enmarañó el follaje
de uno y otro
como telas titánicas
de araña
y fueron los ramajes como dedos
de agonizantes verdes
anudados
unos en otros y petrificados.

El viejo bosque vive
aún alguna nueva
hoja asoma en la altura,
un nido
palpitó
en la primavera,
una gota
de resina fragrante
cae en el agua y muere.

ODE TO THE PETRIFIED FOREST

Along the coast,
among the blue eucalyptus
and new carob tree
mansions,
there exists
a solemn forest:
an antique
gathering of trees,
death's amnesiacs.

The centuries
contorted
their trunks; scars
blanketed each branch;
ash and mourning
descended over their prehistoric treetops.
Leaves entangled
like great spider webs,
and the arbors became
like the fingers of
the dead,
with a greenish pallor,
knotted and stony.

The old forest
continues to live—
some fresh leaf has
eyes for the earth.
A nest quivered
during springtime.
A fragrant drop
of resin
falls into the water and gives up its spirit.

Quieta, quieta es la sombra
y el silencio compacto
es como
cristal negro
entre viejos brazos
de los desfallecidos candelabros,
El suelo se levanta,
los pies nudosos se desenterraron
y son muertos de piedra,
estatuas rotas, huesos,
las raíces
que afloraron a la tierra.

De noche
allí el silencio
es un profundo lago
del que salen
sumergidas
presencias,
cabelleras
de musgos
y de lianas,
ojos
antiguos
con
luz
de turquesa,
cenicientos largartos olvidados,
anchas mujeres locamente muertas,
guerreros
deslumbradores,
ritos
araucanos.

Se puebla el viejo bosque
de las Petras
como un salón
salvaje
y luego
sombra,

Quiet . . . the shadow is silent . . .
and the concise silence
is like
black crystals
between the brittle arms
of extinguished candelabras.
The ground heaves.
Gnarled feet have unearthed themselves.
They are the stony dead,
broken statues, bones,
the roots
that sifted pathways through the dust.

There, at night,
the silence
makes a deep lake
from which submerged
spirits
rise:
cascades of mossy hair
and lianas,
extinct
eyes
with turquoise
shimmers,
forgotten lizards of congealed ash,
wide women—
crazy with death,
blinding
warriors,
Araucanian
rituals.

The old stone
forest is peopled
like a savage
parlor,
and then
shadow,

lluvia,
tiempo
olvido
caen
apagándolo.

Los invisibles seres
se recogen
y el viejo bosque
vuelve
a su inmovilidad, a su solemne
virtud de piedra y sueño.

rain,
time,
and amnesia
fall,
quenching it.

The invisible essences
crystallize,
and the antique forest
returns
to quiescence, to the
cool virtue of the dormant stone.

ODA A LA CAJA DE TE

Caja de Té
de aquel
país de los elefantes,
hora costurero
envejecido,
pequeño planetario de botones,
como de otro planeta
a la casa
trajiste
un aroma sagrado,
indefinible.
Así llegó de lejos
regresando
de las islas
mi corazón de joven fatigado.
La fiebre me tenía
sudoroso
cerca del mar, y un
ramo de palmeras
sobre mí se movía
refrescando
con aire verde y canto
mis pasiones.

Caja
de latón, primorosa,
ay
me recuerdas
las olas de otros mares,
el anuncio
del monzón sobre el Asia,
cuando se balancean
como navíos
los países
en las manos del viento
y Ceylán desparrama
sus olores

ODE TO A BOX OF TEA

Box of tea
from that faraway land
of elephants,
now an old
sewing box,
a small planetarium of buttons.
As if from another planet,
you brought
a sacred and windy aroma
into the house.
And so my young man's
heart, so weary, returned home
to the islands.
Near the sea,
a fever enveloped me
in sweat,
and a palm branch
sighed above me,
so refreshing
with green breath and the song
of my passions.

Pure brass
box,
oh
you remind me
of the waves of different seas,
the monsoon's sweep
through Asia,
when
like ships,
nations balance
in the hands of the gales,
and Ceylon overflows
with aromas

como una
combatida
cabellera.

Caja de Té,
como mi
corazón
trajiste
letras
escalofríos
ojos
que contemplaron
pétalos fabulosos
y también ay!
aquel
olor perdido
a té, a jazmín, a sueños,
a primavera errante.

like the tail
of a furious comet.

Box of tea,
like my heart,
you carried
letters,
chills,
eyes
enthralled in
myth-filled petals,
and also, oh,
that lost aroma
of the tea-herb, jasmine, dreams,
and a nomad's springtime.

ODA A LA CIRUELA

Hacia la cordillera
los caminos
viejos
iban cercados
por ciruelos,
y a través
de la pompa
de follaje,
la verde, la morada
población de las frutas
traslucía
sus ágatas ovales,
sus crecientes
pezones.
En el suelo
las charcas
reflejaban
la intensidad
del duro
firmamento:
el aire
era una
flor
total y abierta.

Yo, pequeño
poeta,
con los primeros
ojos
de la vida,
iba sobre
el caballo
balanceando
bajo la arboladura
de ciruelos.

ODE TO THE PLUM

Near the cordillera,
old
roads
were surrounded
by plum trees.
Spanning
their leafy
pageant,
the greenness,
a purple world of fruit,
trembled
with the transparent shine
of oval agates
and budding
nipples.
On the ground,
pools reflected
the intensity
of the hard
heavens:
the air
unfolded its flower,
finishing
in fullest bloom.

I, a child
poet,
with the first
eyes of life,
set off
on horseback,
balancing myself
under the masts
of plum trees.

Así en la infancia
pude
aspirar
en
un ramo,
en una rama,
el aroma del mundo,
su clavel
cristalino.

Desde entonces,
la tierra, el sol, la nieve,
las rachas
de la lluvia, en octubre,
en los caminos,
todo,
la luz, el agua,
el sol desnudo,
dejaron
en mi memoria
olor
y transparencia
de ciruela:
la vida
ovaló en una copa
su claridad, su sombra,
su frescura.
Oh beso
de la boca
en la ciruela,
dientes y
labios
llenos
del ámbar oloroso,
¡de la líquida luz de la ciruela!

Ramaje
de altos árboles
severos y sombríos
cuya

And so,
in my green days,
on a branch,
on a bough,
I inhaled
the Earth's aroma,
its crystalline
carnation.

Since then,
the Earth, the sun, the snow,
the streaks of
October rain
dappling the roadways,
everything,
light, water,
the naked sun,
left
in my memory,
the smell and transparency
of the plum:
life gave it an oval
clarity;
and its shadow and its freshness
crafted a cup.
Oh kiss
of the plum
mouth,
teeth,
and lips
dripping honeyed amber,
the liquid light of the plum!

Branches
of severe
and lugubrious
lofty trees
whose

negra
corteza
trepamos
hacia el nido
mordiendo
ciruelas verdes
¡ácidas estrellas!

Tal vez cambié, no soy
aquel niño
a caballo
por los
caminos de la cordillera.
Tal vez
más
de una
cicatriz
o quemadura
de la edad o la vida
¡me cambiaron
la frente,
el pecho,
el alma!

Pero, otra vez,
otra vez
vuelvo
a ser
aquel niño silvestre
cuando
en la mano levanto
una ciruela:
con su luz
me parece
que levanto
la luz del primer día
de la tierra,
el crecimiento
del fruto y del amor
en su delicia.

black
bark
we climb
on our way to the nest,
where we will
relish
green plums,
zesty stars.

Maybe I have changed.
I am not that child
riding a horse
along spiraling mountain
roads.
Maybe,
more
than
a scar,
or the burn
of age or life,
my forehead,
heart,
and soul
have been transformed.

But again,
again,
I return to being
that wild young boy
when I raise
a plum
in my hand.
With such inner shine,
it seems to me
that I hold up to the heavens
the sparkles of Earth's
birthday:
the flowering of fruit
and the loving celebration
of its delights.

Sí,
en esta hora,
sea
cual sea, plena
como pan o paloma
o amarga
como
deslealtad de amigo,
yo para ti levanto una ciruela
y en ella, en su pequeña
copa
de ámbar morado y espesor fragrante
bebo y brindo la vida
en honor tuyo,
seas quien seas, vaya donde vayas:

No sé quien eres, pero
dejo en tu corazón
una ciruela.

If,
at this hour,
whatever it may be,
something substantial
as bread or a dove,
or bitter
as the betrayal of a friend,
I raise to you a plum,
and with it,
in its little cup
of amethyst amber and fragrant thickness,
I drink, and make a toast to life
in your honor,
whoever you are, wherever you're going:

I do not know who you are,
but I am leaving a plum,
in your heart.

ODA AL COLOR VERDE

Cuando la tierra
fue
calva y callada,
silencio y cicatrices,
extensiones
de lava seca
y piedra congelada,
apareció
el verde,
el color verde,
trébol,
acacia
río
de agua verde.

Se derramó el cristal
inesperado
y crecieron
y se multiplicaron
los números
verdes
verdes de pasto y ojos,
verdes de amor marino,
verdes
de campanario,
verdes
delgados, para
la red, para las algas, para el cielo,
para la selva
el verde tembloroso,
para las uvas
un ácido verde.

Vestido
de la tierra,
población del follaje,

ODE TO THE COLOR GREEN

When the Earth
was
bald and quiet,
silence and scars,
extensions
of dry lava
and congealed rocks,
greenness
appeared,
the color green,
clover,
acacia,
a river
of green water.

The crystal melted
into wonder,
and myriad shades of green
originated
and multiplied.
Greens,
greens of pasture and of eyes,
greens of the ocean's romance,
greens
of the belfry,
slim greens
for the fisherman's net, for algae,
for the sky,
and for the rainforest,
vibrating green,
and for grapes,
acid green.

Dress
of the Earth,
leafy population,

no sólo
uno
sino
la multiplicación
del ancho verde,
ennegrecido como
noche verde
claro y agudo
como
violín verde,
espeso en la espesura,
metálico, sulfúrico
en la mina
de cobre, venenoso
en las lanzas
oxidadas,
húmedo en el abrazo
de la ciénaga,
virtud de la hermosura.

Ventana de la luna en movimiento,
cárdenos, muertos verdes
que enrojecen
a la luz del otoño
en el puñal del eucaliptus, frío
como piel de pescado,
enfermedades verdes,
neones saturnianos
que te afligen
con agobiante luz,
verde volante
de la nupcial luciérnaga,
y tierno
verde
suave
de la lechuga cuando
recibe sol en gotas
de los castos limones
exprimidos
por una mano verde.

not
solitary
but
the times tables
of wide green,
shadowy like
green night,
clear and sharp
as
a green violin,
thick in the thickness,
metallic, sulfuric
in the copper mine,
poison
of rusty spears,
wet with the bog's
embrace,
beauty's virtue.

Window of the quick-spinning moon,
opalines, dead greens
blushing with autumnal light
in the eucalyptus'-daggers,
cold as a fish skin,
the sick greens,
saturnine neons
that wound
with hefty light,
the winged green
of the lightning bug's wedding,
and lettuce's
buttery
tender
green when it receives
chaste drops of lemon
extracted by an olive hand.

El verde
que no tuve,
no tengo
ni tendría,
el fulgor submarino y subterráneo,
la luz
de la esmeralda,
águila verde entre las piedras, ojo
del abismo, mariposa helada,
estrella que no pudo
encontrar cielo
y enterró
su ola verde
en
la más honda
cámara terrestre,
y allí
como rosario
del infierno,
fuego del mar o corazón de tigre,
espléndida dormiste, piedra verde,
uña de las montañas,
río fatuo
estatua hostil, endurecido verde.

The green
I did not hold,
I do not hold,
the green I could never claim
is the underground underwater brilliance,
luminescence
of the emerald,
verdant eagle in stone, eye
of the abyss, frozen butterfly,
star that could not
find the sky,
and so it buried
a green wave
in the Earth's deepest chamber,
and there like
a rosary
from subterranean fire-lands,
sea-flame and tiger-heart,
you slept in splendor, green stone,
fingernail of the mountains,
river of conceit,
hostile statue, hardened green.

ODA A UNAS FLORES AMARILLAS

Contra el azul moviendo sus azules,
el mar, y contra el cielo,
unas flores amarillas.

Octubre llega.

Y aunque sea
tan importante el mar desarrollando
su mito, su misión, su levadura,
estalla
sobre la arena oro
de una sola
planta amarilla
y se amarran
tus ojos
a la tierra,
huyen del magno mar y sus latidos.

Polvo somos, seremos.
Ni aire, ni fuego, ni agua
sino
tierra,
sólo tierra
seremos
y tal vez
unas flores amarillas.

ODE TO A FEW YELLOW FLOWERS

Against the blue,
blueness on the move,
and against the sky,
a few yellow flowers.

October is coming.

And although it may be very important
that the sea develop
myth and mission,
its yeast
explodes over the golden sand
of a single yellow flower,
and eyes cannot
release the earth.
They flee the great ocean and its whips.

We are dust.
We will be dust—
not air, not fire, not water,
but
earth.
We will amount to
just soil,
and maybe a few
yellow flowers.

ODA A LAS FLORES DE DATITLA

Bajo los pinos la tierra prepara
pequeñas cosas puras:
hierbas delgadas
desde cuyos hilos
se suspenden minúsculos faroles,
cápsulas misteriosas
llenas de aire perdido,
y es otra allí
la sombra
filtrada
y floreada,
largas agujas verdes esparcidas
por el viento que ataca y desordena
el pelo de los pinos.
En la arena
suceden
pétalos fragmentarios,
calcinadas cortezas,
trozos azules
de madera muerta,
hojas que la paciencia
de los escarabajos
leñadores
cambia de sitio, miles
de copas mínimas
el eucaliptus deja
caer
sobre
su
fría y fragrante
sombra
y hay
hierbas
afraneladas
y plateadas
con suavidad
de guantes,
varas
de orgullosas espinas,

ODE TO THE FLOWERS OF DATITLA

Beneath the pines, the earth creates
small, pure things:
slim grasses
from whose threads
miniscule lanterns hang,
mystic capsules,
plump with lost air,
and the shadows
are different beyond,
filtered
and flowery,
with long green needles scattered
by the wind attacking
and disheveling the pine's hair.
In the sand,
there is a succession of
fragmentary petals,
calcified bark,
blue traces
of maternal wood,
leaves from the patient
woodcutter beetles,
shifting location,
thousands of diminutive cups
that the eucalyptus lets
fall over
its
cold
and fragrant
silhouette,
and herbs
bloom there,
like flannel
and silvery,
with glove
softness—
twigs
with proud spines,

hirsutos pabellones
de acacia oscura
y flor color de vino,
espadañas, espigas,
matorrales,
ásperos tallos reunidos como
mechones de la arena,
hojas
redondas
de sombrío verde
cortado con tijeras,
y entre el alto amarillo
que de pronto
eleva
una silvestre
circunfrencia de oro
florece la tigridia
con tres
lenguas de amor
ultravioleta.

Arenas de Datitla
junto
al abierto estuario
de La Plata, en las primeras
olas del gris Atlántico,
soledades amadas,
no sólo
al penetrante
olor y movimiento
de pinares marinos
me devolvéis,
no sólo
a la miel del amor y su delicia,
sino a las circunstancias
más puras de la tierra:
a la seca y huraña
Flora del Mar, del Aire,
del Silencio.

hirsute pavilions
of dark acacia
and flowers tinted like wine,
reed-mace, spiky stems,
brambles,
rough stems reunited
like wicks
in the sand,
round,
scissor-cut
leaves of green gloom,
and amid the high yellowness,
suddenly
shooting skyward,
there shimmers
a wild circumference of gold.
The tiger flower
flourishes
with three tongues
of ultraviolet love.

The sands of Datitla
united with
the open statuary
of La Plata, in the first
waves of the grey Atlantic,
shelter precious solitude.
Not only
do you bring me back
to the penetrating
fragrance and windy song
of the sea pines,
not only
to love's honey
and its transport,
but also to the Earth's
purest circumstances,
to the sear and headstrong
Flowers of the Sea, the Air,
and Silence.

ODA A LA JARDINERA

Sí, yo sabía que tus manos eran
el alhelí florido, la azucena
de plata:
algo que ver tenías
con el suelo,
con el florecimiento de la tierra,
pero
cuando
te vi cavar, cavar,
apartar piedrecitas
y manejar raíces
supe de pronto,
agricultura mía,
que
no sólo
tus manos
sino tu corazón
eran de tierra,
que allí
estabas
haciendo
cosas tuyas
tocando
húmedas
puertas
por donde
circulan
las semillas.

Así, pues,
de una a otra
planta
recién
plantada,
con el rostro
manchando
por un beso
del barro,

ODE TO THE LADY OF THE GARDEN

Yes, I knew that your hands
were abundant clusters of stock,
and the lily hewn of silver.
You have a relationship
with the soil,
with the Earth's flowery elements,
but when
I saw you digging,
digging,
breaking apart little rocks,
and managing roots,
I suddenly realized,
my little farmer,
that
not only
your
hands,
but also your heart
cradled the earth.
There
you were creating
your matter,
touching
wet
doors
where
seeds
circulate.

So, then,
from one
newly cultivated
plant to another,
with your face
stained
by the kiss
of clay,

ibas
y regresabas
floreciendo,
ibas
y de tu mano
el tallo
de la alstromeria
elevó su elegancia solitaria,
el jazmín
aderezó
la niebla de tu frente
con estrellas de aroma y de rocío.
Todo
de ti crecía
penetrando
en la tierra
y haciéndose
inmediata
luz verde
follaje y poderío.
Tú le communicabas
tus semillas,
amada mía,
jardinera roja:
tu mano
se tuteaba
con la tierra
y era instantáneo
el claro crecimiento.

Amor, así también
tu mano
de agua,
tu corazón de tierra,
dieron
fertilidad
y fuerza a mis canciones.

Tocas
mi pecho

you went away
and returned
making flowers,
you went away
and from your hand
the stem
of the Peruvian lily
flourished with solitary grace;
the jasmine
adorned
your forehead's mistiness
with stars and dew's incense.
Everything
blossomed from you,
penetrating the earth,
becoming
instantaneous
green shine,
leaves and power.
To them you communicated
your seeds,
my beloved,
sun-caressed gardener.
Your hands were speaking
a familiar language
with the earth,
and the innocent burgeoning
was spontaneous.

And so,
Love,
your hand
of water,
your earthy
heart
yielded fertility,
and offered spirit to my songs.

You touch
my chest

mientras duermo
y los árboles brotan
de mi sueño.
Despierto, abro los ojos,
y has plantado
dentro de mi
asombradas estrellas
que suben
con mi canto.

Es así, jardinera:
nuestro amor
es terrestre:
tu boca es planta de luz, corola,
mi corazón trabaja en las raíces.

when I sleep
and trees tower
into my dreams.
I awaken, and open my eyes—
inside of me
you have sown
astonishing stars,
rising with my song.

So it is, my lady of the garden:
our love
is earthly:
your mouth is a luminous flower,
a crown forever blossoming;
my heart works in the roots.

ODA A LA LUZ ENCANTADA

La luz bajo los árboles,
la luz del alto cielo.
La luz
verde
enramada
que fulgura
en la hoja
y cae como fresca
arena blanca.

Una cigarra eleva
su son de aserradero
sobre la transparencia.

Es una copa llena
de agua
el mundo.

ODE TO THE ENCHANTED LIGHT

The light beneath trees,
the light of the tall sky,
the branched
green
light
is burning
in the leaf,
falling like fresh
white sand.

A cicada hums like a saw
soaring over
the transparent shine.

The world is a cup
brimming
with water.

ODA A LA MAGNOLIA

Aquí en el fondo
del Brasil profundo,
una magnolia.

Se levantaban
como
boas negras
las raíces,
los troncos
de los arboles
eran inexplicables
columnas con espinas.
Alrededor
las copas
de los mangos
eran ciudades
anchas, con balcones,
habitadas por
pájaros
y estrellas.
Caían
entre las hojas
cenicientas, antiguas
cabelleras,
flores terribles
con bocas voraces.
Alrededor subía
el silencioso
terror de animales, de dientes
que mordían:
¡patria desesperada
de sangre y sombra verde!

Una magnolia
pura,
redonda como un círculo
de nieve,
subió hasta mi ventana
y me reconcilió con la hermosura.

ODE TO THE MAGNOLIA

Here in the heart
of deepest Brazil,
a magnolia.

Roots
stretched up
like black boas,
tree trunks
were
spiny columns
encrusted with riddles.
Around
the tops of mango trees
there appeared
wide
cities with balconies,
inhabited by
birds
and stars.
Among the ashen leaves
an ancient wig
cascaded
and terrible flowers
with carnivorous mouths smiled.
Everywhere the silent
terror of animals increased,
with bitter teeth:
in a desperate land
of blood and green shadows.

A pure
magnolia,
round as a snowy
circle,
reached my window
and soothed me with her beauty.

Entre sus lisas hojas
—ocre y verde—
cerrada,
era perfecta
como un huevo
celeste,
abierta
era la piedra
de la luna,
afrodita fragrante,
planeta de platino.
Sus grandes pétalos me recordaron
las sábanas
de la primera luna
enamorada,
y su pistilo
erecto
era torre nupcial
de las abejas.

Oh blancura
entre
todas las blancuras,
magnolia inmaculada,
amor resplandeciente,
olor de nieve blanca
con limones,
secreta secretaria
de la aurora,
cúpula
de los cisnes,
aparición radiante!

Cómo
cantarte sin
tocar
tu
piel purísima,
amarte

Between her smooth leaves
—ochre and emerald—
in seclusion,
she was perfect,
a heavenly egg.
In her, the moon's bedrock
shattered:
sweet shards of Aphrodite,
a platinum planet.
Her sublime petals
reminded me
of the sheets
of the first lovers'
moon,
and her erect
pistil
embodied
the bees'
wedding tower.

Oh whiteness
amid
all whiteness,
immaculate magnolia,
radiant love,
essence of luminous
snow on lemons,
dawn's secret
secretary,
swans'
dome,
brilliant apparition!

How can
I sing to you
without
touching
your innocent skin,
and love you
by simply reaching
the foot

sólo
al pie
de tu hermosura,
y llevarte
dormida
en el árbol de mi alma,
replandeciente, abierta,
deslumbrante,
sobre la selva oscura
de los sueños!

of your splendor,
and carry you off
asleep
to the tree of my soul,
sparkling, naked,
angelic,
above the dark jungle
of dreams!

ODA AL MAIZ

América, de un grano
de maíz te elevaste
hasta llenar
de tierras espaciosas
del espumoso
océano.
Fue un grano de maíz tu geografía.
El grano
adelantó una lanza verde,
la lanza verde se cubrió de oro
y engalanó la altura
del Perú con pámpano amarillo.

Pero, poeta, deja
la historia en su mortaja
y alaba con tu lira
al grano en sus graneros:
canta el simple maíz de las cocinas.

Primero suave barba
agitada en el huerto
sobre los tiernos dientes
de la joven mazorca.
Luego se abrió el estuche
y la fecundidad rompió sus velos
de pálido papiro
para que se desgrane
la risa del maíz sobre la tierra.

A la piedra
en tu viaje, regresabas.
No a la piedra terrible,
al sanguinario
triángulo de la muerte mexicana,
sino a la piedra de moler,
sagrada

184

ODE TO CORN

America, you grew
from a kernel of corn
until filling
the foamy ocean
with ample earth.
Your geography was a kernel of corn.
The kernel
gave birth to a green lance;
the green lance covered itself with gold
and adorned the heights
of Peru
with honeyed tassels.

But, poet, leave
the story in its shroud,
and with your lyre,
praise the grain in silos:
sing about the simple corn in kitchens.

First, a soft beard
trembles in the field
over the tender teeth
of the young tower of maize.
Then the sheath opens,
and fertility splits
its pale papyrus
sails
corn's laughter
shakes over the earth.

In the course of your journey,
you turned to stone,
not the terrible,
bloodthirsty
triangle of Mexican death,
but the grinding stone,
sacred

piedra de nuestras cocinas.
Allí leche y materia,
poderosa y nutricia
pulpa de los pasteles
llegaste a ser movida
por milagrosas manos
de mujeres morenas.

Donde caigas, maíz,
en la olla ilustre
de las perdices o entre los fréjoles
campestres, iluminas
la comida y le acercas
el virginal sabor de tu substancia.

Morderte,
panocha de maíz, junto al océano
de cantata remota y vals profundo.
Hervirte
y que tu aroma
por las sierras azules
se despliegue.

Pero dónde
no llega
tu tesoro?

En las tierras marinas
y calcáreas,
peladas, en las rocas
del litoral chileno,
a la mesa desnuda
del minero
a veces sólo llega
la claridad de tu mercadería.

stone of our kitchens.
There milk and raw matter,
powerful and life-sustaining
pulp of cakes,
you arrived to be shaped
by the miraculous hands
of sun-golden women.

Corn, wherever you may fall,
into the patridge's stew-spot,
or among rustic beans,
you illuminate
the feast, and the innocent savor
of your essence unites us.

Oh to bite into you,
ear of corn, near the ocean
of distant song and deep waltzes!
To boil you,
so that your aroma
extends throughout
the blue sierras!

Where
doesn't your treasure
reach?

Into oceanic and calcareous
lands,
along the rough and thorny rocks
of the Chilean coast,
and on the miner's naked
table mountain,
sometimes only your bright
abundance arrives.

Puebla tu luz, tu harina, tu esperanza,
la soledad de América,
y el hambre
considere tus lanzas
legiones enemigas.

Entre tus hojas como
suave guiso
crecieron nuestros graves corazones
de niños provincianos
y comenzó la vida
a desgranarnos.

Increase your light, your cereal, your hope,
America's solitude.
Hunger considers
your lances
enemy battalions.

Among your leaves,
like tender spice,
our hearts,
the serious hearts
of provincial children grew,
and life began
to shake us apart.

ODA A LA MANZANA

A ti, manzana,
quiero celebrarte
llenándome
con tu nombre
la boca,
comiéndote.

Siempre
eres nueva como nada
o nadie,
siempre
recién caída
del Paraíso:
¡plena
y pura
mejilla arrebolada
de la aurora!

Qué difíciles
son
comparados
contigo
los frutos de la tierra,
las celulares uvas,
los mangos
tenebrosos,
las huesadas
ciruelas, los higos
submarinos:
tú eres pomada pura,
pan fragrante,
queso
de la vegetación.
Cuando mordemos
tu redonda inocencia
volvemos
por un instante

ODE TO THE APPLE

Here's to you, Apple,
I want to
celebrate you
by filling my mouth
with your name,
by eating you.

You are always
more refreshing than anything
or anybody,
always
newly fallen
from Paradise:
simple
and pure
rouged cheek
of dawn!

How difficult
the fruits of the Earth
are when compared to you:
grapes in their cells,
gloomy
mangos,
bony plums, figs
in their underwater world.
You are pure pomade,
fragrant bread,
the cheese
of vegetables!
When we bite into
your round innocence,
for an instant, we also return

a ser
también recién creadas criaturas:
aún tenemos algo de manzana.

Yo quiero
una abundancia
total, la multiplicación
de tu familia,
quiero
una ciudad
una república,
un río Mississipi
de manzanas,
y en sus orillas
quiero ver
a toda la población
del mundo
unida, reunida,
en el acto más simple de la tierra:
mordiendo una manzana.

to the fresh moment of a living thing's creation,
and in essence, we contain a chunk of apple.

I crave
your absolute
abundance, your family
multiplied.
I want a city,
a republic,
the Mississippi river rolling
with apples,
and along its banks,
I want to see
the population
of the entire world,
united, reunited,
enjoying the simplest act on Earth:
eating an apple.

ODA A LA MARIPOSA

A la de Muzo, aquella
mariposa
colombiana,
hoguera azul, que al aire
agregó metal vivo
y a la otra
de las lejanas islas,
Morpho, Monarca, Luna,
plateadas como peces,
dobles como tijeras,
alas abrasadoras,
presencias amarillas,
azufradas en las minas del cielo,
eléctricas, efímeras
que el viento lleva en lo alto de la frente
y deja como lluvias o pañuelos
caer entre las flores!

Oh celestes
espolvoreadas con humo de oro,
de pronto
elevan
un ojo de diamante negro
sobre la luz del ala
a una calvera anunciatoria
de la fugacidad, de las tinieblas.
Aquella
que recuerdo
llega de las más lejanas zonas,
formada por la espuma,
nacida
en la claridad de la esmeralda,
lanzada al corto cielo
de la rápida aurora
y en ella
tú, mariposa, fuiste
centro
vivo,

ODE TO THE BUTTERFLY

For the one from Muzo,
that Colombian
butterfly,
a blue bonfire
live metal added to the air,
and for the others
from panoplied isles,
the *morpho, monarch, moon-butterfly,*
silvered like fish,
doubled like scissors,
burning wings,
yellow impressions,
sulfured in heavenly mines,
electric and gossamer,
wind carrying them above the forehead,
letting them fall among the wildflowers
like raindrops or handkerchiefs.

Oh starry ones
dusted with golden smoke,
suddenly
you raise
a black diamond eye
over winged light,
and become a skull proclaiming
volatility and shadows.
The one
I remember
originated in the most distant zones.
It was made of smoke,
born
in the focus of an emerald,
launched into the low sky
by the swift dawn,
and there,
you, butterfly, were
the live center,

volante agua marina,
monja verde.

Pero un día
sobre el camino
volaba otro camino.
Eran las mariposas de la pampa.
Galopábamos desde
Venado Tuerto
hacia las alturas
de la caliente Córdoba.
Y contra los caballos
galopaban
las mariposas,
millones de alas blancas y amarillas,
oscurciendo el aire, palpitando
como una red que nos amenazaba.
Era espesa
la pared
temblorosa
de polen y papel, de estambre y luna,
de alas y alas y alas,
y contra
la voladora masa
apenas avanzaban
nuestras cabalgaduras.

Quemaba el día con un rayo rojo
apuntado al camino
y contra el río aéreo,
contra la inundación
de mariposas
cruzábamos las pampas argentinas.

Ya habían devorado
la alfalfa de las vacas,
y a lo largo del ancho territorio
eran sólo esqueleto
las verdes plantaciones:

flying sea-water,
a green nun.

But one day,
another road was
flying over
our road.
Butterflies from the pampa.
We were on horseback,
coming from Venado Tuerto,
en route to the highland
of blistering Cordoba.
And against the horse,
butterflies were galloping,
millions of white and yellow wings,
dimming the air, palpitating
like a net, threatening us.
The trembling
net
was thick
with pollen and paper,
yarn and the moon,
and wings and wings and wings.
Buffeted by the winged assault,
our horses hardly advanced.

The day sizzled, a red ray
aimed at the road,
and against the air's river,
against the deluge of butterflies,
we were crossing the Argentine pampa.

Already they had devoured
the cows' alfalfa;
along the fields, wide territories,
only the skeletons
of once verdant plantations remained.

hambre para el vacuno
iba en el río de las mariposas.

Fumígalas, incéndialas!
dije al paisano Aráoz,
barre el cielo
con una escoba grande,
reunamos
siete millones de alas,
incendiemos
el cauce de malignas
mariposas,
carbonízalas, dije,
que la pompa del aire
ceniza de oro sea,
que vuelvan, humo al cielo,
y gusano a la tierra.
Mariposa, serás,
tembloroso
milagro de las flores,
pero
hasta aquí llegaste:
no atacarás al hombre y a su herencia,
al campesino y a sus animales,
no te conviene
ese papel de tigre
y así como celebro
tu radiante
hermosura,
contra
la multiplicación devoradora
yo llevaré el incendio, sin tristeza,
yo llevaré la chispa del castigo
a la montaña de las mariposas.

The river of butterflies brought a gift—
the cattle's famine.

Fumigate them! Burn them!
I said to my friend Araoz.
Sweep the sky
with a giant broom;
let us round up
seven million wings;
let us incinerate
the source
of spiteful butterflies!
Burn them, I said.
Let the air's ostentation
become golden ashes.
Let smoke return to the sky,
and the worm to the dirt.
Butterfly,
you will again become
the quivering
miracle of flowers,
but
here
is your boundary:
you will not attack man or his inheritance,
the farmer or his animals.
It does not suit you
to play the tiger.
And so, just as I celebrate
your radiant
splendor,
against the devouring multitudes,
I will bring fire, without remorse,
I will bring punishment's spark
to Butterfly Mountain.

ODA A LA NARANJA

A semejanza tuya,
a tu imagen,
naranja,
se hizo el mundo:
redondo el sol, rodeado
por cáscaras de fuego:
la noche consteló con azahares
su rumbo y su navío.
Así fue y así fuimos,
oh tierra,
descubriéndote,
planeta anaranjado.
Somo los rayos de una sola rueda
divididos
como lingotes de oro
y alcanzado con trenes y con ríos
la insólita unidad de la naranja.

Patria
mía,
amarilla
cabellera,
espada del otoño,
cuando a tu luz
retorno,
a la desierta
zona
del salitre lunario,
a las aristas
desgarradoras
del metal andino,
cuando
penetro
tu contorno, tus aguas,
alabo tus mujeres,

ODE TO THE ORANGE

Orange,
the world
was made
in your image:
the round sun surrounded itself
with shells of fire:
the night became a constellation
of orange blossoms,
a route and a ship.
So it was, and so we were
oh Earth,
in the act of discovering you,
an orange planet.
We are the spokes of a unique wheel,
divided
like
golden ingots,
with trains and with rivers
achieving
the extraordinary unity of an orange.

My
homeland,
long yellow
hair,
autumnal sword,
when
I return to your light,
to the desert
zone
of the saltpeter moon,
to the shattered
aristas
of Andean metal,
when
I penetrate
your contours, your waters,
I praise
your women,

201

miro como los bosques
balancean
aves y hojas sagradas,
el trigo se derrama en los graneros
y las naves navegan
por oscuros estuarios,
comprendo que eres,
planeta,
una naranja,
una fruta del fuego.

En tu piel se reúnen
los países
unidos
como sectores de una sola fruta,
eléctrico,
y Chile,
a tu costado
encendido
sobre
los follajes azules
del Pacífico
es un largo recinto de naranjas.

Anaranjada sea
la luz
de cada
día,
y el corazón del hombre,
sus racimos,
ácido y dulce sea:
manantial de frescura
que tenga y que preserve
la misteriosa
sencillez
de la tierra
y la pura unidad
de una naranja.

I recognize how forests
balance birds and sacred leaves,
how wheat overflows in granaries,
and ships navigate
cryptic statuaries.
I understand that you are
a planet,
an citrus celebration,
a fruit of fire.

Beneath your rind,
countries come together
unified
like sections of a single fruit.
At your side, Chile
sparks electric, glowing
alongside
the Pacific's
turquoise foliage:
a vast neighborhood of oranges.

May the light
of each day
be
orange-colored,
and the heart of humans,
piquant-sweet sections—
a spring
capable of preserving
the mysterious simplicity
of the Earth
and the impeccable unity
of an orange.

ODA A UN RAMO DE VIOLETAS

Crespo ramo en la sombra
sumergido:
gotas de agua violeta
y luz salvaje
subieron con tu aroma:
una fresca hermosura
subterránea
trepó con tus capullos
y estremeció mis ojos y mi vida.
Una por una, flores
que alargaron
metálicos pedúnculos,
acercando en la sombra
rayo tras rayo de una luz oscura
hasta te coronaron
el misterio
con su masa profunda de perfume,
y unidas
fueron una sola estrella
de olor remoto y corazón morado.

Ramo profundo
íntimo
olor de la naturaleza,
pareces
la onda, la cabellera,
la mirada
de una náyade rota
y submarina,
pero de cerca,
en plena
temeridad azul de tu fragrancia,
tierra, flor de la tierra,
olor terrrestre
desprendes, y tu rayo
ultravioleta
es combustión lejana de volcanes.

ODE TO A CLUSTER OF VIOLETS

Frilly cluster submerged
in shadows:
drops of violet water
and wild light
ascended with your aroma:
a fresh rapture
from under the earth
seeped into your flowers,
shaking my eyes and my life.
One by one, flowers extended
metallic peduncles,
approaching the shadows,
ray beyond ray
of empurpled light,
and the mystery
was crowned
with deep aromatic dough,
and united
to form a single star
with the perfume of distance
and a purple heart.

Deep cluster,
nature's
intimate
perfume,
you imitate
ondulations, a cascade of down,
a naiad entangled in an aquamarine world,
but up close,
veiled in the plain blue boldness
of your aroma,
you, planetary blossom,
earthy smell, ungirdle
the planet.
Your ultraviolet
ray
is the distant fireworks of volcanoes.

Sumerjo en tu hermosura
mi viejo rostro tantas
veces hostilizado por el polvo
y algo desde la tierra
me transmites,
y no es sólo el grito puro
de tu color total, es más bien
una palabra con rocío,
una humedad florida con raíces.
Frágil haz de violetas
estrelladas,
pequeño, misteriso
planetario
de fósforo marino,
nocturno ramo entre las hojas verdes,
la verdad es
que no hay palabra azul para expresarte:

más que toda palabra
te describe un latido de tu aroma.

Into your splendor,
I plunge my old face,
so many times attacked by dust.
You transmit something to me
from creation.
It is not just a fragrance—
not only the pure scream
of your integral color.
It is more like a dew-drenched word,
a budding wetness with roots.
Delicate bunch
of violet stars,
little, mystery-laden,
planets
of the sea's phosphorescence,
bouquet of night amid green leaves,
the truth is
a blue word does not exist to express you:

better than any word,
you describe yourself
with every beat of your perfume.

ODA PARA REGAR

Sobre la tierra, sobre los pesares,
agua desde tu mano
para el riego
y parece que caen
arqueándose
otras aguas,
no las de la ciudad para las bocas,
para las ollas, sino que
regando
la manguera
trae aguas escondidas
del oculto, del fresco
corazón, enramado de la tierra.

De allí
sale este hilo,
se desarolla en agua,
se multiplica en gotas,
se dirige a la sed de las lechugas.

Del polvo y de las plantas
un nuevo aroma
crece
con el agua.
Es un olor mojado
de astro verde,
es la resurreción de la frescura,
la fragrancia perdida
del corazón remoto
huérfano de los bosques,
y crece el agua
como
la música en tus manos:
con fuerza cristalina
construyes una lanza
transparentee
que ataca, empapa y mueve
su comunicación con las raíces.

ODE TO WATERING

Over the earth, over burdens,
your hands bring water
for the garden's thirst.
And it seems
that a different water falls
in arcs—
not city water
destined for mouths
and pots.
The water hose
carries hidden water
from the mystical fresh heart,
spiralling up from the Earth.

From that region
this water begins,
water is created,
multiplied in drops,
and then aimed at thirsty heads of lettuce.

From dust and plants
a new aroma
grows
with the water.
It is the wet smell
of a green star.
It is the resurrection of freshness,
the lost bouquet
of a remote heart,
orphan of the forests.
And water grows
like music
in your hands,
with crystalline vigor.
You weave a transparent
lance
attacking, saturating, and exciting
in communication with roots.

La acción del agua silba,
chisporrotea, canta,
desenreda
secretas fibras, sube
y cae como copa
desbordada,
limpia las hojas hasta
que parecen campanas
en la lluvia,
atormenta los viajes
del insecto,
deja caer sobre la cabecita
de un ave sorprendida
un chaparrón de plata,
y vuela
y baja
hasta que tu jardín o tu sembrado,
el rayo de tus rosas
o la piel genital de la magnolia,
agradecen
el
don
recto
del agua
y tú, con tu manguera,
rodeado
por las emanaciones de tu huerto,
por la humedad del suelo, coronado
como el rey de una isla
por la lluvia,
dominador de todos
los elementos,
sabes,
al guardar la manguera,
                    y enrollarla
como una
purísima serpiente,
sabes que por sobre tus ramas
de roble polvoriento,
agua de riego, aroma,
cayó mojando tu alma:
y agradeces el riego que te diste.

With energy, water whistles,
sizzles, sings,
untangles
secret fibers, rises
and falls
like a cup
of plenty.
It cleanses leaves
until they shine like bells
in the rain;
it torments bugs
as they voyage
and releases a silver downpour
over the tiny head
of an amazed bird.
It soars
and tumbles
until your garden or field,
the rays of your roses,
or the magnolia's genital skin,
thank
water's
erect
gift,
and you, with your hose,
surrounded
by the garden's moist channels,
by the misty soil, crowned
by the rain
like an island king,
master of all elements,
you know,
putting away the hose,
                winding it
like the purest snake,
you know that over your,
branches of dusty oak,
water for crops and perfume
is filling up your soul,
and you're thankful for the shower
you bestowed upon yourself.

ODA AL TIEMPO VENIDERO

Tiempo, me llamas. Antes
eras
espacio puro,
ancha pradera.
Hoy
hilo o gota
eres,
luz delgada
que corre como liebre hacia las zarzas
de la cóncava noche.

Pero,
ahora
me dices, tiempo, aquello
que ayer no me dijiste:

tus pasos apresura,
tu corazón reposa,
desarrolla tu canto.

El mismo soy. ¿No soy? ¿Quién en el cauce
de las aguas que corren
identifica el río?

Sólo sé que allí mismo
en una sola
puerta
mis corazón golpea,
desde ayer, desde lejos,
desde entonces,
desde mi nacimiento.
Allí
donde responde
el eco oscuro
del mar
que canta y canto

ODE TO FUTURE DAYS

Time, you're calling me. Before
you were
pure space,
a far-reaching meadow.
Today,
you are a
a thread, a droplet,
or slim light
running like a hare into the brambles
of concave night.

But
now
you tell me, time,
the mystery you held back yesterday.

Your footsteps hurry;
your heart rests;
your song unwinds.

I am the same man—Am I not?—
Who in the wild waters of the riverbed
speaks the river's name?

I only know that right there,
at only one
door,
my heart knocks
from yesterday, from faraway,
from that age,
from my birth.
Beyond
where the sea's
dim echo
answers
with lyrics and I sing—

213

y que conozco
sólo
por un ciego silbido
por un rayo
en las olas,
por sus anchas espumas en la noche.

Así, pues, tiempo, en vano
me has medido,
en vano transcurriste
adelantando
caminos al errante.

Junto a una sola puerta
pasé toda la noche,
solitario, cantando.
Y ahora
que tu luz se adelgaza
como animal que corre
perdiéndose en la sombra
me dices,
al oído,
lo que no me enseñaste
y supe siempre.

I am only
aware of
a blind whistle,
a ray in the waves,
penetrating the wide waves of night.

So, well, time, you
measured me in vain,
in vain, you advanced,
anticipating
the passages of a wanderer.

Next to just one door,
I passed the integral night,
in solitude, singing.
And now
that your light is tapering
like an animal on the run,
losing itself in the shadowlands,
you whisper into my ear,
the secret that you did not teach me—
and I knew it all along.

Navegaciones y regresos

Voyages and Homecomings

ODA A LAS ALAS DE SEPTIEMBRE

He visto entrar a todos los tejados
las tijeras del cielo:
van y vienen y cortan transparencia:
nadie se quedará sin golondrinas.

Aquí era todo
ropa, el aire espeso
como frazada y un vapor del sal
nos empapó el otoño
y nos acurrucó contra la leña.

En la costa del Valparaíso,
hacia el sur de la Planta Ballenera:
allí todo el invierno se sostuvo
intransferible con su cielo amargo.

Hasta que hoy al salir
volaba el vuelo,
no paré mientes al principio, anduve
aún entumido, con dolor de frío,
y allí estaba volando,
allí volvía
la primavera a repartir el cielo.

Golondrinas de agosto y de la costa,
tajantes, disparadas
en el primer azul,
saetas de aroma:
de pronto respiré la acrobacias
y comprendí que aquello
era la luz que volvía a la tierra,
las proezas del polen en el vuelo,
y la velocidad volvía a mi sangre.
Volví a ser piedra de la primavera.

Buenos días, señores golodrinas
o señoritas o alas o tijeras,

ODE TO THE WINGS OF SEPTEMBER

I have beheld the scissors of the sky,
touching down on every rooftop.
They fly off and return, shearing the transparent air,
and no one is at a loss for swallows.

Here everything had become
a heavy garment; the thick air stretched out
like a blanket. In autumn
a salty mist soaked us;
we huddled for radiance near firewood.

On the coast of Valparaiso,
south of Planta Ballenera:
there all of winter endured,
static, with bitter skies.

At first, I did not stop to consider
each wave of flight—
that is, until I ventured outside today.
I walked, numbly, at times,
afflicted by the frigid air:
but there she was flying,
there Springtime
was returning to refurbish the heavens.

The swallows of August, arrived from the coast,
shearing, shots
piercing the first blueness,
arrows from deep perfume.
Soon I inhaled the acrobatics
in the air and understood that they
were creatures of light returning to earth:
champions of pollen in flight,
and a quickness returned to my blood.
Again I became a stone of spring.

Good morning, Mrs. Sparrows
or young lady birds or wings or scissors.

buenos días al vuelo del cielo
que volvió a mi tejado:
he comprendido al fin
que las primeras flores
son plumas de septiembre.

Good morning to the wings of heaven
returning to my roof:
At last I understand—
the first flowers
are September's wings.

ODA A LA CAMA

De cama en cama en cama
es este viaje,
el viaje de la vida.
El que nace, el herido
y el que muere,
el que ama y el que sueña
vinieron y se van de cama en cama,
vinimos y nos vamos
en este tren, en esta nave, en este
río
común
a toda muerte.
La tierra es una cama
florida por amor, sucia de sangre,
las sábanas del cielo
se secan
desplegando
el cuerpo de septiembre y su blancura,
el mar
cruje
golpeando
por la
cúpula
verde
del
abismo
y mueve ropa blanca y ropa negra.

Oh mar, cama terrible,
agitación perpetua
de la muerte y la vida,
del aire encarnizado y de la espuma,
duermen en ti los peces,
la noche,
las ballenas,
yace en ti la ceniza
centrífuga y celeste
de los agonizantes meteoros:

ODE TO THE BED

From bed to bed,
such is this trip,
life's voyage.
The newborn, the wounded,
and the dying,
the lover and the dreamer,
come and go, traveling from bed to bed.
We came and we go
on this train, on this ship, on
this common river
of all life,
common in
all death,
the Earth is a bed,
strewn with flowers in love's play, sullied by blood.
The linens of heaven
dry
spreading the whiteness of September's body;
the sea
plashes,
beating its way
through
the green
dome
of the abyss;
white and black vestments excite the air.

Oh sea, awesome bed,
perpetual agitation
of death and life,
of the air incarnate, and bubbling ocean,
fish dream in you,
the night,
the whales,
the centrifugal and celestial
ashes of agonized meteors

palpitas, mar, con todos
tus dormidos,
construyes y destruyes
el tálamo incesante de los sueños.

De pronto sale un rayo
con dos ojos de puro nomeolvides,
con nariz de marfil o de manzana,
te muestra el sendero
a suaves sábanas
como estandartes claros de azucena
por donde resbalamos
al enlace.
Luego
viene a la cama
la muerte con us manos oxidadas
y su lengua de yodo
y levanta su dedo
largo como un camino
mostrándonos la arena,
la puerta de los últimos dolores.

rest in you.
Ocean, you palpitate
with all your sleepers;
you build and destroy
the incessant dream-stalk.

Directly, a ray rushes
with two pure forget-me-not eyes,
with a nose of marble or apple,
and the path leads you to
soft sheets,
like the lucent flags of lilies
through which we slip
into the
connection.
Then, with rusty hands,
and an iodine tongue,
death draws near
the bed,
raises an iodine finger,
and long as a highway,
shows us the sand,
the door of final suffering.

ODA A LAS COSAS

Amo las cosas loca,
locamente.
Me gustan las tenazas,
las tijeras,
adoro
las tazas,
las argollas,
las soperas,
sin hablar, por supuesto,
del sombrero.
Amo
todas las cosas,
no sólo
las supremas,
sino
las
infinita-
mente
chicas,
el dedal,
las espuelas,
los platos,
los floreros.

Ay, alma mía,
hermoso
es el planeta,
lleno
de pipas
por la mano
conducidas
en el humo,
de llaves,
de saleros,
en fin
todo
lo que hizo
por la mano del hombre, toda cosa:
las curvas del zapato,

ODE TO THINGS

I love things with a wild passion,
extravagantly.
I cherish tongs,
and scissors;
I adore
cups,
hoops,
soup tureens,
not to mention
of course—the hat.
I love
all things,
not only the
grand,
but also
the infinite-
ly
small:
the thimble,
spurs,
dishes,
vases.

Oh, my soul,
the planet
is radiant,
teeming with
of pipes
in hand,
conductors
of smoke;
with keys,
salt shakers and
well,
things crafted
by the human hand, everything—
the curves of a shoe,

el tejido,
el nuevo nacimiento
del oro
sin la sangre,
los anteojos,
los clavos,
las escobas,
los relojes, las brújulas,
las monedas, la suave
suavidad de las sillas.

Ay cuántas
cosas
puras
ha construido
el hombre:
de lana,
de madera,
de cristal,
de cordeles,
mesas
maravillosas,
navíos, escaleras.

Amo
todas
las cosas,
no porque sean
ardientes
o fragrantes,
sino porque
no sé,
porque
este océano es el tuyo,
es el mío:
los botones,
las ruedas,
los pequeños
tesoros
olvidados,
los abanicos en
cuyos plumajes

fabric,
the new bloodless
birth
of gold,
the eyeglasses,
nails,
brooms,
watches, compasses,
coins, the silken
plushness of chairs.

Oh
humans
have constructed
a multitude of pure things:
objects of wood,
crystal,
cord,
wondrous
tables,
ships, staircases.

I love
all
things,
not because they
might be warm
or fragrant,
but rather because—
I don't know why,
because
this ocean is yours,
and mine:
the buttons,
the wheels,
the little
forgotten
treasures,
the fans
of feathery

desvaneció el amor
sus azahares,
las copas, los cuchillos,
las tijeras,
todo tiene
en el mango, en el contorno,
la huella
de unos dedos,
de una remota mano
perdida
en lo más olvidado del olvido.

Yo voy por casas,
calles,
ascensores,
tocando cosas,
divisando objectos
que en secreto ambiciono:
uno porque repica,
otro porque
es tan suave
como la suavidad de una cadera,
otro por su color de agua profunda,
otro por su espesor de terciopelo.

Oh río
irreovocable
de las cosas,
no se dirá
que sólo
amé
los peces,
o las plantas de selva y de pradera,
que no sólo
amé

love spreading
orange blossoms,
the cups, the knives,
the shears,
everything rests
in the handle, the contour,
the traces
of fingers,
of a remote hand
lost
in the most forgotten regions of the ordinary obscured.

I pass through houses,
streets,
elevators,
touching things;
I glimpse objects
and secretly desire
something because it chimes,
and something else because
because it is as yielding
as gentle hips,
something else I adore for its deepwater hue,
something else for its velvety depths.

Oh irrevocable
river
of things.
People will not
say that I only
loved
fish
or plants of the rainforest or meadow,
that I only
loved

lo que salta, sube, sobrevive, suspira.
No es verdad.
muchas cosas
me lo dijeron todo.
No sólo me tocaron
o las tocó mi mano,
sino que acompañaron
de tal modo
mi existencia
que conmigo existieron
y fueron para mi tan existentes
que vivieron conmigo media vida
y morirán conmigo media muerte.

things that leap, rise, sigh and survive.
It is not true:
many things gave me completeness.
They did not only touch me
My hand did nor merely touch them,
but rather,
they befriended
my existence
in such a way
that with me, they indeed existed,
and they were for me so full of life,
that they lived with me half-alive,
and they will die with me half-dead.

ODA A LAS GRACIAS

Gracias a la palabra
que agradece,
gracias a *gracias*
por
cuanto esta palabra
derrite nieve or hierro.

El mundo parecía amenazante
hasta que suave
como pluma
clara,
o dulce como pétalo de azúcar,
de labio en labio
pasa
gracias,
grandes a plena boca
o susurrantes,
apenas murmulladas,
y el ser volvió a ser hombre
y no ventana,
alguna claridad
entró en el bosque.
fue posible cantar bajo las hojas.
Gracias, eres la píldora
contra
los óxidos cortantes del desprecio,
la luz contra el altar de la dureza.

Tal vez
también tapiz
entre los más distantes hombres
fuiste.
Los pasajeros
se diseminaron
en la naturaleza
y entonces
en la selva

ODE TO GRATITUDE

Thanks to the word
that gives thanks.
Thanks to gratitude
for
how excellently
the word melts snow or iron.

The planet seemed full of threats
until soft
as a translucent
feather,
or sweet as a sugary petal,
from lip to lip,
it passed,
thank you,
magnificent, filling the mouth,
or whispered,
hardly voiced,
and the soul became human again,
not a window,
some clear shine
penetrated the forest:
it was possible again to sing beneath the leaves.
Gratitude, you are medicine
opposing
scorn's bitter oxides,
light melting the cruel altar.

Perhaps
you are also
the carpet
uniting
the most distant men,
passengers spread out
through nature
and the the jungle

de los desconocidos,
merci,
mientras el tren frénetico
cambia de patria,
borra las fronteras,
spasivo,
junto a los puntiagudos
volcanes, frío y fuego,
thanks, sí, *gracias,* y entonces
se transforma la tierra en una mesa.
una palabra la limpió,
brillan platos y copas,
suenan los tenedores
y parecen manteles las llanuras.

Gracias, *gracias,*
que viajes y que vuelvas,
que subas
y que bajes.
Está entendido, no
lo llenas todo,
palabra gracias,
pero
donde aparece
tu pétalo pequeño
se esconden los puñales del orgullo,
y aparece un centavo de sonrisa.

of unknown men,
merci,
as the delirious train
penetrates a new country,
eradicating frontiers,
spasibo,
joined with the sharp-cusped
volcanoes, frost and fire,
thanks, yes, *gracias,* and the Earth
turns into a table,
a single word swept it clean,
plates and cups glisten,
forks jingle,
and the flatlands seem like tablecloths.

Thanks, *gracias,*
you travel and return,
you rise
and descend.
It is understood, you don't
permeate everything,
but where the word of thanksgiving
appears like a tiny petal,
proud fists hide
and a penny's worth of a smile appears.

ODA A LAS PAPAS FRITAS

Chisporrotea
en el aceite
hirviendo
la alegría
del mundo:
las papas
fritas
entran
en la sartén
como nevadas
plumas
de cisne matutino
y salen
semidoradas por el crepitante
ámbar de las olivas.

El ajo
les añade
su terrenal fragrancia,
la pimienta,
polen que atravesó los arrecifes
y
vestidas
de nuevo
con traje de marfil, llenan el plato
con la repetición de su abundancia
y su sabrosa sencillez de tierra.

ODE TO FRIED POTATOES

The world's joy
is spluttering,
sizzling in olive oil.
Potatoes
to be fried
enter the skillet,
snowy wings
of a morning swan—
and they leave
half-braised in gold,
gift of the crackling amber
of olives.

Garlic
embellishes the potato
with its earthy perfume,
and the pepper
is pollen that has traveled
beyond the reefs,
and so
freshly
dressed
in a marbled suit,
plates are filled
with the echoes of potatoey abundance:
delicious simplicity of the earth.

ODA AL PLATO

Plato,
disco central
del mundo,
planeta y planetario:
a mediodía, cuando
el sol, plato de fuego,
corona
el
alto
día,
plato, aparecen
sobre
las mesas en el mundo
tus estrellas,
las pletóricas
constelaciones,
y se llena de sopa
la tierra, de fragrancia
el universo,
hasta que los trabajos
llaman de nuevo
a los trabajadores
y otro vez
el comedor es un vagón vacío,
mientras vuelven los platos
a la profundidad de las cocinas.

Suave, pura vasija,
te inventó el manantial en una piedra,
luego la mano humana
repitió
el hueco puro
y copió el alfarero su frescura
para
que el tiempo con su hilo
lo pusiera
definativamente
entre el hombre y la vida:

ODE TO THE DISH

Dish,
central disk
of the Earth,
planet and planetarium.
At noon,
when the sun, a dish of fire,
crowns
the
high
day,
oh dish, your stars
rise
on earthly tables;
an overflow
of constellations,
and the planet brims
with soup, and the universe
with savory bouquets,
until employment again
recalls its
laborers,
and once again,
the dining room becomes an empty wagon,
and dishes return
to the deep alcoves of kitchens.

Pure and genial vessel,
springtime invented you in stone;
then, the human hand
imitated
the pure crater,
and the potter duplicated your freshness,
so that the floss
of time
would situate your surety
between man and life:

el plato, el plato, el plato,
cerámica esperanza,
cuenco santo,
exacta luz lunar en su aureola,
hermosura redonda de diadema.

the dish, the dish, the dish,
ceramic hope,
sacred hollow,
exact lunar light in your halo,
round beauty of diadems.

ODA A LA SANDIA

El árbol del verano
intenso,
invulnerable,
es todo cielo azul,
sol amarillo,
cansancio a goterones,
es una espada
sobre los caminos,
un zapato quemado
en las ciudades:
la claridad, el mundo
nos agobian,
nos pegan en los ojos
con polvareda,
con súbitos golpes de oro,
nos acosan
los pies
con espinitas,
con piedras calurosas,
y la boca
sufre
más que todos los dedos:
tienen sed
la garganta,
la dentadura,
los labios y la lengua:
queremos
beber las cataratas,
la noche azul,
el polo,
y entonces
cruza el cielo
el más fresco de todos
los planetas,
la redonda, suprema
y celestial sandía.

ODE TO THE WATERMELON

The intense
invulnerable
tree of summer
is all blue sky,
yellow sun,
huge drops of weariness.
It is a sword
over the roadways,
a shoe burning
in the cities:
the clear shine, the world
oppresses us,
dust clouds
assault
our vision.
With quick strokes of gold,
our feet
are vexed
by small thorns,
by burning stones,
and the mouth
suffers
more than all the fingers:
we thirst
with the throat,
teeth,
lips, and tongue:
we want
to drink waterfalls,
the blue night,
the polar cap,
and then,
the freshest of all
planets
crosses the sky,
the round, supreme
and celestial watermelon.

Es la fruta del árbol de la sed.
Es la ballena verde del verano.

El universo seco
de pronto
tachonado
por este firmamento de frescura
deja caer
la fruta
rebosante:
se abren sus hemisferios
mostrando una bandera
verde, blanca, escarlata
que se disuelve
en cascada, en azúcar,
¡en delicia!

¡Cofre de agua, plácida
reina
de la frutería,
bodega
d la profundidad, luna
terrestre!
¡Oh pura,
en tu abundancia
se deshacen rubíes
y uno
quisiera
morderte
hundiendo
en ti
la cara,
el pelo,
el alma!
Te divisamos
en la sed
como
mina o montaña
de espléndido alimento,
pero te conviertes
entre la dentadura y el deseo
en sólo

It is the fruit of refreshment's tree.
It is the green whale of summer.

The dry universe,
soon
decorated
with these fresh globes,
lets
the lush fruit
cascade.
The hemispheres open,
displaying a flag
of green, white, and scarlet,
dissolving into torrents
of sweetest ecstasy.

Coffer of water, placid
queen of
the fruit market,
wine cellar
of the deep,
earthy moon!
Oh pure one,
rubies break apart
in your abundance
and we want
to bite into you,
immersing
face,
hair,
and soul!
Thirsty, we anticipate
you:
a mine or mountain
of ambrosia,
but between teeth and desire,
you change into
simple, fresh light
melting into a spring,
touching us with song.
And so

fresca luz
que se deslie,
en manantial
que nos tocó
cantando.
Y así
no pesas
en la siesta
abrasadora,
no pesas,
sólo
pasas
y tu gran corazón de brasa fría
se convirtió en el agua
de una gota.

you do not weigh us down
during the blistering
siesta
You do not add gravity,
you only
pass.
And so
your great heart
of chilled coals
became a drop
of water.

ODA A LA SILLA

Una silla en la selva.
bajo las lianas duras
cruje un tronco sagrado,
sube una enredadera,
aúllan en la sombra
bestias ensangrentadas,
del cielo verde caen grandes hojas,
suenan los cascabeles
secos de la serpiente,
como un flechazo contra una bandera
las ramas levantaron sus violines,
rezan inmóviles
los insectos
sentados en sus flores,
se hunden los pies
en el sargazo negro
de la selva marina,
en las nubes caídas de la selva,
y sólo pido
para el extranjero,
para el explorador desesperado
una silla
en el árbol de las sillas,
un trono
de felpa desgreñada,
el terciopelo de un sillón profundo
carcomido por las enredaderas.
Sí,
la silla
que ama el universo
para el hombre que anda,
la fundación
segura,
la dignidad
suprema
del reposo!

ODE TO THE CHAIR

A chair in the jungle:
under the severe lianas
a sacred tree trunk creaks,
tangles of vines press high,
in the shadows
bloody beasts cry out,
majestic leaves descend from the green sky,
the rattles of snakes
quiver like bells.
A bird spanned the sprawling greenness,
like an arrow shot through a flag,
and branches hoisted high their violins.
Insects
pray in stillness,
seated on their wild bouquets.
Feet sink into
the black sargasso
of the watery jungle,
into the rainforest's tumbled clouds.
I only request one thing
for the stranger,
for the desperate
explorer,
a chair in the tree of chairs,
a throne,
disheveled and plush,
the velvet of a deep easy chair,
eaten away by creepers.
Yes,
a chair,
loving the universe,
for the walkabout man,
the sure
foundation,
the supreme
dignity
of rest!

Atrás tigres sedientos,
muchedumbre de moscas sánguinarias,
atrás negra espesura
de fantasmales hojas,
atrás aguas espesas,
hojas ferruginosas,
sempiternas serpientes,
en medio
de los truenos,
una silla,
una silla
para mí, para todos,
una silla no sólo
para alivio
del cuerpo fatigado,
sino
que para todo
y para todos,
para la fuerza perdida
y para el pensamiento.

La guerra es ancha como selva oscura.
La paz
comienza
en
una
sola
silla.

Behind thirsty tigers,
bands of bloodthirsty flies,
behind the black expanse
of ghost-ridden leaves,
behind the low waters,
the thicket like iron,
perpetual snakes,
in the middle
of the thunder,
a chair,
a chair,
for me,
for everyone,
a chair not
only for the weary body's
rescue,
but also for everything,
and for everybody,
to renew lost strength,
and for meditation.

War is wide like the light-starved jungle.
Peace
begins
in
a
single
chair.